從心歸零

800公里聖雅各朝聖之路

劉玉嘉｜著

推薦序
改變自己。重啟人生

　　玉嘉是我從台視新聞時代開始迄今的同事，真誠、熱情、不拖泥帶水，是一個標準的行動派。

　　他充滿對周遭事物追求探索、興致的衝勁，是一個十足耐不住性子的求知派。行動＋求知，兩派相合，正好一拍就成⋯促成這趟啟迪之旅。再加上他太太徐秋華一貫的義無反顧支持，自然為旅程更添加了無比續航力。

　　但無論是哪種動力，最重要的還是有賴自己的決心，是什麼樣的心志力量，讓玉嘉毅然樂在人生此刻走上這麼一段歷程呢？這本書給了最寶貴的答案：改變自己、重啟人生。

　　經由行動、思索、回映、反照，玉嘉找回了一個更光亮明淨、快樂的自己，也讓眾人迎來一個正向積極、青春洋溢的老朋友！這就是這本書要分享的魔力。初翻起這本書，為數不少的內頁裡，玉嘉留下許多旅程中的影像紀錄，許多照片都是非典型觀光客有幸駐足之處，他的巧思，讓人讀來，對這趟旅程的想像也就更為真實；但我不得不提，若您再讀下去，就會發現，更令人驚豔的，是光以他的文字，就足夠讓人很有畫面，當然，這絕對需要細膩與深刻的觀察，我想那是作為記者出身的他，最大的「魔法」。

猶記日前，我翻開本書首頁，細細讀起，玉嘉直白且率真的「自我對話」就讓人讀來毫無包袱，他的用字淺顯，帶著大叔的優雅，也很能開自己玩笑。他從旅程一開始，就帶著讀者一同懷抱喜悅、興奮和未知出發，沒想到才啟程不久，他就抱怨起自己太逞英雄，背了太多行囊上路，看著莞爾一笑的瞬間，突然覺得，他的朝聖之旅，似乎也帶著我們，重新省視那些人生中，未曾好好思量的課題——「捨不得的顧慮，都該放下」；他的朝聖，為心靈和信仰，找到答案；不也正為讀者引路，讓我們重新看待自己。

這是一趟充滿自我對話，充滿故事的旅程。整整36天的朝聖之旅，玉嘉寫下超過36個故事的經歷，那些來自四面八方的朝聖者，成了書中一個個充滿故事的人，而故事本身與路程所見所聞，皆引人入勝。無論是相伴而行的美國情侶、婚姻遇上考驗的丹麥老夫妻……玉嘉筆下的他們，有的走在幸福路上，有的對生命意義感到迷惘，憑藉此書，我們也像是在「書中朝聖」般，思索著這趟旅程中，生命的真義。

近來許多人分享，所謂朝聖，就是不斷在孤獨和挑戰的試煉下，找出自己的看待人生的新觀點，於是此書最要推薦的，正是讀者能像同行者般，跟著朝聖者的腳步，走上那一路上的苦悶、深思，亦是探尋、求解，在玉嘉的筆觸下，思緒也從困惑的牛步而行，到輕快的從容頓悟，那是不必踏上朝聖土地，就能深刻感受的禮物。

最後，讀畢此書，深思許久，回看玉嘉落下的書名，「從心歸零」。記得他在書中寫下一句—「人生就是一條朝聖路，有愛並且簡單」，這樣的語句，平實卻蘊義極深，人生不也在簡單中，感受富足。「行到水窮處，坐看雲起時」，玉嘉選在生日當

天，完成朝聖旅程，那番豁達自在的感受，相信對他，或對所有讀來之人，都感受喜悅渲染。

願此作，能讓玉嘉的萬里路，成為眾人的萬卷書，心靈朝聖的讀者們，必能深有所獲。

電視資深主播、主持人　李四端

推薦序
走過看過。千萬不要錯過

　　玉嘉的朝聖之路還繼續走著。

　　所以此刻相遇這本書的讀者，毋寧是在特別的緣分裡，參與了他2018年最前面的起點！

　　至於我，我們這些和玉嘉相識相交超過25年的老友，比妳／你早一點點，在玉嘉準備飛法國前準備行囊那時，心已經隨他飛去～～～帶著羨慕又好奇的心和靈，等著分享他的旅程。

　　他的朝聖之路還繼續走著。

　　因為「從心歸零」之後，玉嘉的朝聖之路開始從靈魂深處舉腳，我知道他的每一天，每一小步，或前進或停止歇息，都和「聖雅各」召喚他之前，再也不會一樣。

　　當我受到玉嘉的邀請寫序時，很希望腦海裡趕快浮起任何一句嘉言絕句：我直覺想用一句話，概括詮釋他這趟不凡的行腳，如何呼應了行走人生，一直以來的特質，又如何指向往後生命裡，絕對屬於「歐巴劉玉嘉」的風景。

　　結果，我祈禱後，天主聖神真的立刻賜給我一句話！

　　起初非常叫人洩氣！這句話伴隨著一個夜市裡的畫面……

　　攤販生動地揮著手、扯著喉嚨說：「走過看過！千萬不要錯過喇！」

怎麼會是這一句？

先不想。我決定第二天早上頭腦更清楚時，再等那句嘉言絕句降臨……通常出版社會用來作為序文的標題，怎麼可以淪為「夜市人生」的叫賣智慧。

最後：簡單的說。我甚至請玉嘉的「聖雅各」代我轉求──仍然是這一句！

走過，看過，卻不會錯過！

這就是我不平凡的老哥：劉玉嘉。他2018年的朝聖之路，2019年的馬里亞納群島高年級實習生，在在都徹底顛覆了所有人對於中年歐巴的想像。

我們太習慣羨慕西裝革履，手持哀鳳11，鑽進賓士（不管前座自己開或後座叫司機開），住在信義大安區，忙到群組裡只能匆匆回圖，因為職涯顯要，天天八個會議纏身……的那種人。

我們羨慕那種「好似不用為五斗米折腰」的人生圖畫。因為那種人看來過得很安全。安全：是人生的底線和上綱。然後，我們一直忘了一件事：每個人都可以決定，自己一生的安全感，要在什麼地方築底？可不可以完全不是：金錢和權力築的底。

玉嘉的朝聖之路，顯然為他生命重築底：置換了不一樣的素材。而且，這些素材全來自他的努力──努力地回應靈魂召喚：走過看過。可不要錯過！

記得2018年四月，我和許許多多人一樣，每天起床滑開臉書！第一個想找的，就是我們的YC Liu今天走到哪兒了？悟了什麼。永遠記得第二天，老哥玉嘉便跌破我們的眼鏡，他老老實實宣告，朝聖之路上就是走走走走走，沒有邊行邊想生命道理。因

為……せ……身體不斷發出各種細微的訊號，讓快轉過度的腦袋聽命於身體，就……好好地走！

這件事，這一天的分享，對我影響很深，震撼很大。

玉嘉這本書值得一看再看，因為「走過看過，卻不曾錯過」－－這最不曾經驗的風景，原來在我們每一個人的內心。

心的感知，勝過腦裡算計。

上天恩賜了玉嘉。朝聖之路如生命之旅。他從未汲汲營營地設定「必須當如何」的進階路標。

一如「玉嘉哥」在有線新聞台無數六年級生心中，絕非等閒輩。在我專業的認知裡，玉嘉是最棒的電視新聞節目製作人！開節目速度快，效率高。做節目質量大，收視好。缺寫本的？他速速一手寫好了！另一隻手，應該正快快敲通告邀來賓。缺主持人？老哥玉嘉自己上陣也OK。我從未聽過電視職涯裡的玉嘉，抱怨過任何手頭的節目，來一個！做一個！一如他總是寧可斜槓擔起很多很多很多節目幕後的細節瑣碎，走過看過，就別只在路邊指指點點。

玉嘉心的力量，是高倍能的引擎，轉動出好幾節火車廂，跟著奔馳，從不脫軌。這樣的職人，電視新聞圈，不多！

不管老哥玉嘉走在生命哪一條路上，他一直往內心走：回應新的calling；保持心的力量。

繁花似錦的路徑上，如果我們的心早已成荒原，是認不出一路的景色。

心心相映的開關，原來是靈魂隱密處，我們得願意打開自己那個；才能從心裡，一路照見示現在你／妳／我旅途中的一切。

玉嘉這本書，分享了這種內在力量！

我個人最喜歡的篇章，還包括玉嘉分享感受朝聖旅人，沿途

完全互助，甚至因為相助，放棄自己原定腳程、進度的片段……

這是生命旅途最難通過的呼召考驗。也讓我在一年後某日，讀到信仰內一段分享，忍不住立刻傳給玉嘉～感謝他！因為朝聖之路，使我早已看到見證。

「……現代人的生活，往往像在賽跑。

然而，賽跑風格的生活方式，跟朝聖很不一樣。

我們可能沒有時間去等待體力弱的人跟上，

沒有空間去跟不同語言不同經驗的人交談，

……

跟願意與你同行者，日日「朝聖」，就算比手畫腳，

我們總會找到方式表達，也會找到方法了解彼此。」

走過看過，那可能把自己的人生～也變成「別人的」。將自我在心靈的掌控權，不知不覺交在這世界的手裡主宰。

走過看過，卻絕不錯過。以朝聖，非賽跑的姿態，我們的生命將充滿生而為人，真正的呼召。在呼召內，生活在共融裡，不錯過自己可以澆灌成林的風景。

最後，聖方濟教宗有天的談話，我第一個傳去的，也是本書作者～這些話的見證者——玉嘉。

「……山是：天主與人相遇的重要場所。

在高山上，往往我們蒙召。

在靜默中，走向屬天之心。

高山把我們帶到高處，遠離許多終將消失的物質事物，

身體沉重，就無法登上高山，因此需要減輕負擔……

這項行動需要〈付出辛勞〉，
卻是能更好地看到全景的唯一方式！」

　　恭喜你／妳／找！我們且藉著玉嘉這本書，一起「登山」。
當你我需要離開平地生活，就必須與這世俗的地心引力搏鬥。玉
嘉用朝聖之路的分享，加添我們搏鬥「地心引力」的信心力量。
　　走過看過，對的！但是：走過看過，絕絕對對不要錯過。
　　原來就是這句話！
　　這本書「從心歸零」你我絕對不可以錯過！！

TVBS資深製作主持人　方念華

名家推薦

- -

　　玉嘉完成了我夢想多年卻沒有達成的心願—西班牙朝聖之旅。這不僅是一個人的旅行筆記，更是他在旅途中發生各種蛻變的紀錄，要去的、和那些想去卻不能去的人，都應該好好看看這本書。讀完之後，不僅能增長見聞，更能夠獲得人生的啟發！一個中年人如何活出自己？玉嘉在書裡面都示現了！

作家　張德芬

　　閱讀這位中年質男徒步800公里朝聖路的行旅故事，覺得他是懷揣著「人生如逆旅，我亦是行人」的豁達豪情上路的，充分感受那股生命的熱情與不因年齡而自我設限的開闊。記者出身的玉嘉，文字洗鍊，敘事流暢，字裡行間蘊含的人生領悟，飽滿而豐盈，值得細細品味。

作家　吳淡如

　　透過玉嘉的文字，我彷彿用心與眼睛，跟他一起領略了800公里：有美景，有人情味，有從未聽聞的知識，但最多的收穫是見證他身心靈的勇敢！

　　到了這樣的年紀，別說隻身勇闖異鄉、脫離舒適圈，就連生活作息都以慣用的方式重複度過，從聽說玉嘉正在規劃，到他真的準備出發，之後每隔幾天豐富的FB紀錄分享，這本書的每一頁都會讓你的心重新鮮活的跳動起來（基本上他做的每一件事，都會讓你有這樣的感覺），每一頁的文字都讓我不斷的腳癢著：我也想去…一輩子永恆的記憶啊…

　　就像書末他所描述：『靜下來，就能往更深邃的地方走去！心之所至，無入而不自得』！當你還在裹足不前，每天過跳針人生的此時，翻開他的書吧！就算你今生無法用腳朝聖，你也必會有更遼闊的眼界、更悸動的心，重新去思考如何跟作者一樣看見生命的美好！

STUDIO A共同創辦人&作家　蔣雅淇

目次

DAY 0
心之所向。
跋涉 800 公里朝聖路

- -

St Jean Pied de Port

　　聖雅各之路，是前往西班牙北部天主教聖城聖地牙哥康波斯特拉（Santiago de Compostela）的朝聖之路。聖雅各之路不只一條，我走的是法國之路，從法國南部小鎮聖讓皮耶德波爾（St Jean Pied de Port）翻越庇里牛斯山，來到西班牙北部，一路西行800公里前往聖地牙哥康波斯特拉。

　　傳說，耶穌使徒之一的聖雅各（St. James）在耶路撒冷被希律王殺害，追隨者把他的遺體用船運往西班牙西北角時遭遇狂風巨浪沉沒海底，聖雅各的遺體卻奇蹟般包覆著扇貝被沖上岸，完整無缺，當地人認為是聖蹟出現，找了一處地點安葬了聖雅各。然而，隨著時間流逝，聖雅各埋葬地點逐漸被人遺忘。700多年後，西元9世紀，一名修士因為滿天星星的指引，意外找到聖雅各的墓，地點就在現在的聖地牙哥康波斯特拉。之後西班牙國王阿方索二世親自朝聖，並且指示建造了聖雅各主教座堂，自此之後從四面八方前往朝聖的人絡繹不絕。

　　選擇這條法國之路，因為走的人最多，方向標示清楚，吃住無虞，安全無憂，雖然美國電影《The Way朝聖之路》裡，男主角馬丁辛的兒子死於法國之路上的暴風雪，只要避開冬天去走就好，像我就選擇了4月底春暖花開的季節。無論如何，法國之路可以說是第一次走聖雅各之路行者的首選。

　　到達聖讓皮耶德波爾這個法國之路的出發小鎮前，法鐵罷工打亂了所有交通行程，接連給了我不同程度的驚嚇。不過，既來之，則安之，反正無常的種子早在內心深種，學習面對無常，接受無常，臣服無常。

　　搭巴士來到法國之路起始小鎮聖讓皮耶德波爾，拾階走上堡壘街（Rue de la Citadelle），映入眼簾的是各式商店、吧餐廳、教堂和朝聖者下榻的庇護所（Albergue）和辦理報到的朝聖辦公室，林立在這條矗立著巴斯克式紅木白牆房屋、充滿古老氣息的狹長石砌街道上。尼夫河穿街而過，流淌著無聲的歲月，拱橋上

承載了幾百年來無法數計朝聖者的虔誠和心事，熙來攘往。

　　朝聖辦公室不大，辦理報到領取朝聖護照（Credential）的朝聖者排到了門外，出乎意料地，多是60歲以上的年長朝聖人士，沒看到半張年輕面孔，隊伍中我成了「幼齒」。辦完報到登記，領了朝聖護照和這一路的地形圖、庇護所一覽表、指南，好奇問了工作人員：「今天有沒有其他台灣人來？」「你是第一個。」有點矛盾的失落，雖說我打算一個人走聖雅各之路，但偶爾也想和說著相同語言的人講講話，我可不想、也沒把握用英文撐上30多天，那會憋死人的。「有中國來的嗎？」「沒有。」「中國人口這麼多，竟然沒有半個人？」「今天，沒有。」聖雅各連這點都幫我算計好了，徹底讓我和自己多對對話。

　　朝聖護照是本摺頁的小冊子，雖然一本只要2歐元，但是千萬不能掉，否則住宿就會變成大問題，憑著它才能入住便宜的庇護所。每到一處庇護所，都會在朝聖護照蓋上一個印戳，有的中途休息站，或是吧餐廳也有專屬的印戳，圖案各不相同，後來蒐

集印戳也成了走在朝聖路上的樂趣,到了聖城聖地牙哥康波斯特拉,還得憑朝聖護照和這些印戳,換取你走了多少公里朝聖路的一紙證明。

有人拿到朝聖護照一刻都不耽擱兼程上路,開始了他們的壯遊之行。據說,從聖讓皮耶德波爾翻越庇里牛斯山到西班牙的倫塞斯瓦列斯(Roncesvalles),是法國之路難度最高的一段,長27公里,山路從海拔200公尺一路升到1,400公尺。還好出發7公里後,會到達歐立森小鎮(Orisson),這裡有庇護所可以停留一晚,之後的20公里可就沒有打尖下榻之所了。不少人趕著踏上聖雅各之路,就是打算把這段路拆解成兩段,不想第1天就掛在庇里牛斯山上。

聖讓皮耶德波爾是個美麗的小鎮,充滿思古幽情,走在這條古老的街道上,彷彿置身在中世紀,以後或許不會再來,決定這晚在此休息,慢活其中,好好欣賞這座古樸恬靜的小鎮,不急著立刻動身,順便採購登山杖。這裡商店的朝聖所需用品應有盡有,早知道來這採購所有物品就好,也不用背著重背包在法國晃蕩了3天。

　　朝聖路上的庇護所是個共宿的概念，大多都是6到12人上下鋪的房型，每家容納的床數不一，也有90人共處一室的大通鋪，不分男女老幼。這將是這條路上非常有趣的共享經驗，30多天跟著形形色色的人共用浴室，睡在一起，一輩子難忘的記憶。庇護所分公立（Municipal）、私立（Private）和樂捐（Donative）三種，公立每晚5到8歐元，私立7到10歐元，樂捐看你的良心，設施大同小異，差就差在新舊、有沒有wifi、有沒有廚房或供不供餐；大多數庇護所不提供毯子或棉被，加上衛生因素，最好自己帶睡袋。

　　傍晚7點，天空依舊透亮，覓食的路上遇到東京來的山崎先生也在找吃飯的餐廳。辦理朝聖登記的隊伍中，亞洲的臉孔老貓兩、三隻，山崎先生很熱絡地跟我打招呼，他以為我從首爾來。我跟他說，一起吃飯吧，他欣然接受。做了功課找到小鎮排行

No.1的餐館,卻大門深鎖,堡壘街隔壁大街上的餐廳大都還沒開始營業。

　　山崎先生今年70歲,年輕時擔任過日本女歌手的造型師,他秀手機上的兩名歌手照片給找看,一個都不認識。後來年紀大了退出這個行業,但還想做點事,跑到醫院替腦部需要開刀的病患剪頭髮。我問他為什麼來走這條路?透過手機上的語言翻譯軟體,中日翻譯的有夠糟,有夠模糊,隱約知道他說他生了一場不好治的病,渾身無力,後來復健、走路,奇蹟般地恢復了力量,所以他深信走路對他的健康是有幫助的。但是,這是800公里上上下下的山路,有必要怎麼極端嗎?

　　「年紀這麼大了,走800公里可以嗎?您的孩子不擔心嗎?」

　　「慢慢走就好,走到哪算到哪,我沒有時間壓力,會跟孩子每天聯絡。」

　　雖然他說明天只走7公里到歐立森小鎮就休息,我還是替他後天走20公里陡升的山路擔心,他勢必得一口氣翻越庇里牛斯山走到西班牙的倫塞斯瓦列斯小鎮。他也是看了日本的電視報導,被這條朝聖之路吸引召喚來的,我不屬於哪一個形式上的宗教,但我向聖雅各禱告,保佑山崎先生一路平安。

質男大叔語錄

我已經來到山腳下,不往上走,怎知我沒那個本事翻越庇里牛斯山?

DAY 1

法國到西班牙。
徒步翻越了一座山

St Jean Pied de Port to Roncesvalles　27.9公里

　　清晨6點，在室友打包和走動聲中醒來，窗外一片晨光甦醒前的灰藍。第一天上路，完全沒有時間概念，摸啊摸的，吃完庇護所提供的咖啡、土司、果醬，揮別朝聖之路的第一座小鎮已是早上8點過後。

　　沿路高低起伏的遍野青草樹叢向遠山展延，鬱鬱蔥蔥，大地像是渲染了不同層次的綠色畫布，我走在南法春天的朝聖山徑上，一開始新鮮感讓人興奮、雀躍和浪漫。但是走著走著，肩膀愈走愈沉，身體的負累沒想到這麼快就影響了心情，興奮沒有了，雀躍不見了，浪漫消失了。

　　聖雅各這條路上，朝聖行者肩上都背負著沉重的包袱。背包裝載這800公里、30多天所需要的一切家當，兩、三套換洗衣褲、防風防寒外套、睡袋、雨衣、盥洗用品、醫藥用品、充電線和轉接頭是少不了的基本配備，外加路上不可或缺的水。當然，每個人的需求不同，或擔心、或貪心，東添一點西塞一些的下

場，就是自找罪受。

　　我就是東添西塞的成員之一，擔心很多，貪心不少，吹氣枕頭、防雨鞋套、三腳架、附鐵夾的曬衣繩、薄筆記本、萬用瑞士刀，雖然都只有幾百公克重，加一加也有2、3公斤重，我比三套換洗衣物還多帶了一套，真的沒想到這些都是壓垮駱駝的稻草。

　　根據朝聖之路前輩的網路分享，背包重量最好不要超過一個人重量的15％。我的體重70公斤，背包重10公斤多一點，正所謂的塞滿塞好，不多不少，如果再加上1公升的水重，自忖應該還可以承受！不過朝聖辦公室卻建議不超過體重的10％，這樣算算，

背包至少超重了3公斤。

聖雅各召喚我來，祂會放一個擔子在我肩上超過自己所能承擔的嗎？聖經中說：「你們所遇見的試探，無非是人所能受的。上帝是信實的，必不教你們受試探大過於所能受的；在受試探的時候，總要給你們開一條出路，教你們能忍受得住。」

可是才走了3、4公里，人也不嗨了，風景也無所謂了，拍照也沒勁了，我所有的念頭開始在肩上的背包打轉。「天啊！我真的能背著、要背著11、2公斤走完第一天難度最高，從法國翻越庇里牛斯山到西班牙27、8公里上上下下的山路嗎？」我心裡嘀咕著。祂會開出一條什麼路讓我忍受得住呢？愈走身體愈熱，愈走肩膀愈沉，腦袋轉啊轉的，才剛上路就想著背包裡什麼可以丟掉。但是，什麼都不想丟，什麼都捨不得丟，斷捨離這門功課太難，那就承擔這不可承受之重，繼續前行。

庇里牛斯山今天天候不好，大霧籠罩，迷茫一片，當前後無人的時候，山徑寂靜，只能聽到自己的腳步聲。害怕倒是不害怕，就是擔心走錯，在山裡迷了路，特別是在手機沒有訊號，又遇

到沒有貝殼和黃色箭頭的岔路時候。貝殼和黃色箭頭是這一路上非常重要的方向指標，如果沿路久久不見它們的蹤影，意味著趕快回到岔路的原點，回頭是岸。

歐立森（Orisson）我不知該不該稱呼它是小鎮，因為前前後後只看見一棟黃石磚牆的庇護所，這是這段山路上唯一可以停留休息的地方。4月底庇里牛斯山上白天的氣溫10度左右，一停下腳步就覺得寒氣逼人，庇護所裡擠滿了休息的朝聖客，熱絡地彼此寒暄著。

聖雅各真的在歐立森庇護所幫我開了一條路。起身準備繼續上路時，看見一名庇護所工作人員正在清點等著托運的背包，我問他背包可以臨時加入托運嗎？當機立斷終於讓自己得到了救贖，花8歐元把身上的負擔送走，太值。人生當中，經常面臨選擇，記得選擇對自己最有利的，別逞英雄，不然遭罪的還是自己，這是朝聖之路第一天最真實深刻的體認。包袱別太重，該放下就放下，該丟掉就丟掉，尤其在最艱困的時刻，別跟自己過不去。

無包一身輕，我在濃霧中的寂靜山徑踢踏，興致來時就引吭高歌一曲，天地之大，此刻都是我的，任自己恣意放肆。原來沒有包袱，才能全心全意觀照周遭的一切，也只有這時候能從一開始重如千斤的萬念俱灰，轉化成後來輕盈自如的萬念俱空。後來一路即便磐石險峻，傾崎嶇隤，攀爬讓人氣喘噓噓，又或走踏在

腐葉爛泥上，都甘之如飴。

太陽出來了，樹林裡的光真美，遇見兩位5歲和10歲的小勇者跟著家人一起走聖雅各之路，大手牽小手，朝聖路上一幅美麗的風景。人，鮮活了聖雅各之路。

當倫塞斯瓦列斯（Roncesvalles）庇護所出現眼前，拍拍手，給自己一個讚，了不起的中年大叔，翻越了一座山，從法國來到西班牙。

質男大叔語錄

人生有太多的捨不得，因為捨不得，最後都成了自己的包袱。

DAY 2
朝聖之路。
一步一腳印，一花一世界

- -

Roncesvalles to Zubiri　25.9公里

　　雖然後半段沒背背包，但是翻過了一座山，到達倫塞斯瓦列斯庇護所鬆懈下來後，疲累一擁而上。來走聖雅各之路前，雖然臨時惡補小山小丘健行過幾趟，但也都是輕裝簡備10多公里的晃蕩，朝聖路第一天完走28公里，大叔靠的不是年輕體力和腳力，完全是不服輸的意志力，還有過了前村後無路可退不得不的推進力。

　　下榻的倫塞斯瓦列斯庇護所原本是一棟醫院，西元1127年左右，阿方索國王為了提供翻越庇里牛斯山脈的朝聖者醫療上的服務，下達指示要求潘普洛納（Pamplola）主教建造了倫塞斯瓦列斯醫院。近代當地政府重新修建醫院的內部和外觀，改成庇護所讓朝聖者休息過夜。早到的朝聖客分配到比較新穎的二樓寢室床位，我到的有點晚了，分發到地下室老舊的寢室，看起來還真有戰爭電影中醫院和病床的感覺。

　　庇護所的作息非常規律，像軍隊一般，晚上9點寢室熄燈，

睡不睡覺是你的事，不影響其他人就好。這一天結束前，突然覺得這麼早上床倒頭就睡是件幸福的事，鼾聲從四面八方漸層而起，雖然已是第二晚和陌生的人睡在一起，依舊有種說不出的奇特感覺。在疲勞強力催促下一夜好眠，戰鬥指數恢復到滿格狀態。

迎著晨曦出發，走在聖雅各法國之路的清冷春天裡，魚貫的朝聖行者和騎士，穿梭在新綠的枝芽間。每個人臉上帶著笑容，精神抖擻，奮力向前行。朝聖路上有一個共同語言：Buen Camino！直接翻成英文就是Good way，好的路自然是一路順風、平安、愉快的，但是千萬別翻成是一路好走，太觸霉頭。走在這條路上，到目前還沒看到有人愁眉苦臉，即便身負重擔，路上見了面都是笑臉盈盈地Buen Camino來Buen Camino去。笑容打破了國界與語言的藩籬，看著不熟識的人對你笑著、祝福著，自然而然也會跟著揚起了嘴角，道謝與祝福，拉近彼此的距離。這條路

就像被施了快樂魔法般，散發著滿滿的正能量，讓人可以多活10年。

　　今天不托運背包了，這條路上該承擔、該背負的，就去承擔背負，這就是人生，不是嗎？不過背包重量不會因這擔當就少一些。走著走著，似乎聖雅各又幫我開出了另一條路來，無意間下拉背包肩帶，完全束緊後，肩上的重量好像有了些許改變，趕緊把胸帶和腰帶也拉緊，不管是不是心理作用，感覺就是輕鬆許多，儘管上下坡還是讓人氣喘嘘嘘。

　　聖雅各法國之路西班牙這段，地形基本上介於丘陵和山地之間。從海拔1,000公尺的倫塞斯瓦列斯走到海拔500多公尺的蘇維里（Zubiri）小鎮，上坡下坡起起伏伏，下坡路段既陡且長，考驗的是朝聖行者的膝蓋。第一次看見有人遇到陡降坡，採取「之」字形走路方式，覺得有趣，我跟在後面依樣畫葫蘆，心想

對方肯定是走山路有經驗的人。

　　行路起伏崎嶇雖然折磨人的意志，不過這一路的視覺卻很享受，也只有一步一步走，才能看到坐車看不到的風景。春天的這條路上放眼望去，層巒疊翠，綠意盎然，舒心愜意；遼闊空曠的青草地上牧放著馬群，或臥或站，小馬亦步亦趨跟著母馬，都市裡見不到的景象，路過的朝聖客都覺得新鮮而佇足；山丘遍野開滿了小白花、小黃花，很像電影真善美裡茱麗安德魯絲帶著七個孩子踏青的場景；還有天空盤旋的鷹群，我一直以為老鷹是孤獨的，禿鷹除外，這一刻大開眼界。行經的每個瞬間都是滿足與撫慰，就算眼睛業障重都能療癒。

　　走在聖雅各朝聖路上似乎很容易就活在當下，景色的目不暇給讓你活在當下，背包負重造成的肩痛讓你活在當下，甚至路邊

的野花野草都會引誘你操起手機拍攝讓你活在當下。每當被花草形色吸引停下腳步，總會想起明朝理學大家王陽明所説：「**你未看此花時，此花與汝同歸於寂；你來看此花時，則此花顏色一時明白起來，便知此花不在你心外。**」沿路的花卉樹木對它們動心的那個瞬間，它們活了，你也活了，這一刻清明純淨。

質男大叔語錄

不能改變現況，就調整自己到一個降低痛苦指數到最大舒適度的位置。背包的肩帶、胸帶和腰帶可以調整，自己面對生命中的難自然也可以調整，只要心態正確就好。

DAY 3
相遇。
聖雅各朝聖路上的情緣

- -

Zubiri to Pamplona　22.9公里

　　聖雅各朝聖之路對一個第一次走上這條路的人來說，儘管看了很多前輩的經驗分享，依舊是陌生的，太多的不可預期在前方等著你，聖雅各出招，你只管接招就好，其他不用多想，否則擔心焦慮害怕會讓自己這條路走得很辛苦，而且可能麻煩更多。這30多天從出發點的聖讓皮耶德波爾到聖城聖地牙哥康波斯特拉800公里的行程，出發前我一家庇護所都沒訂，親友問我不擔心沒地方住嗎？一來我想體驗不同的、帶點冒險味道的旅行方式，再者不想讓預訂庇護所綁架自己，每天非得走到預訂的庇護所不可，增加心裡的負擔。如果真有狀況臨時再見招拆招，我相信這一路聖雅各都幫自己安排好了，只管朝著聖城前進就好。

　　這兩天下來，比較辛苦的是入睡問題，這是想走朝聖之路的人必須有的心理準備。住在類似通鋪的庇護所，男女老少共享一個空間，除了得適應每個人不同上床時間外，最擾人的就是打呼聲，不管一個人鼾，還是一群人鼾，只要鼾聲一出，沛然莫之能

　　噪，讓人難以入眠。但是庇護所共生共活，得學會接受和調整，戴上耳塞雖不舒服但可降噪，要不你就先他們一步入睡，睡著也許就聽不到鼾聲了。朝聖之路不只是不斷地走路，它還教你接受和包容，也是這條路上的一門功課。

　　離開蘇維里小鎮，林間小徑泥濘濕滑，得小心翼翼，估計夜裡可能下過雨。我走在一對外國年輕情侶的後面，女孩子的黃色外套非常顯眼，男孩子背包上掛著一雙登山鞋，總是在我眼前晃啊晃的。視線範圍之內，前前後後只有我們三人，緊跟在他們後面，心想不至於再發生第一天錯走冤枉路的情況，然而還是發生了。

　　他們順著黃色箭頭走在砂石小徑上，路邊一排高大松樹，延伸至少2、300公尺，相當壯觀。小情侶手牽著手聊著天，我跟在後面聽著松林的低語，相當投入地幫忙他們編織瓊瑤式的愛情劇情，朝聖路上多浪漫；突然間，他們停下了腳步。「怎麼了？」「沒路！這裡好像是人家的廠區，我們走錯了，路在樹的另一頭。」年輕男孩回答我。背著沉重的背包，我實在不想走回頭

路。正當苦惱準備往回走時，女孩高興的說有個洞應該可以鑽過去，不過洞不大，得人包分離。顯然，我們不是唯仁走錯路的人，也不會是最後三個到此一遊的人，洞的存在自有它的價值和意義。

　　緣分這件事很奇妙，有人是不打不相識，我們是因為錯路鑽洞結下朝聖路上的異國情緣，而且這份情緣發展相當精采，留待後話。鑽過樹洞的革命情感讓我們接下來的路上聊了起來，這對小情侶來自丹麥，男孩今年21歲，叫伊米爾（Emil），女孩20歲，叫史蒂娜（Stine），兩人自高中畢業後至今都還沒想清楚大學要學什麼，於是先進入職場，男孩在一家長照中心照顧老人，女孩在咖啡廳工作。這回暫時放掉手邊的工作，相約一起走聖雅各之路，然後前往摩洛哥旅行。

　　「為什麼高中畢業不直接升大學？」伊米爾操著極為流利的英文跟我說，「在丹麥，我們高中畢業成為大學新鮮人之前，都有一段空檔年（Gap Year），我們可以選擇先工作，或是去旅行增廣見聞，等想清楚後再申請大學。」第一次聽到空檔年Gap Year這個名詞，後來得知，不只丹麥，空檔年的風潮早在90年代歐美國家就開始流行了，近年來這風氣也吹進了亞

洲國家，像是日本、南韓。這像是生命中的一個頓號，年輕人透過這個空檔，暫時停下升學的腳步，工作也好，旅行也好，探索世界，認識自己，好好思考自己的人生。史蒂娜補充說：「朝聖之路在丹麥非常有名，我們想用這段空檔體驗和瞭解朝聖之路的歷史和文化，順便想想自己的未來。」

　　我們結伴朝著潘普洛納（Pamplona）前進，看過牛追著人跑的奔牛節盛況報導或電影的人，大概對潘普洛納都不陌生，諾貝爾文學獎得主海明威的長篇創作小說《太陽照常升起》（The Sun Also Rises），講的就是一群美國、英國僑民從巴黎旅行到潘普洛納，觀賞當地聖費爾明節奔牛、鬥牛，述寫人性中關於愛、迷惘、死亡、重生的故事。這座城市就是今天落腳的終點，有點興奮，讀過這部小說，充滿了想像與期待，特別想去他常停留的依露娜咖啡館感受大文豪的過往。

　　第三天的路平緩多了，雖然背包重量依舊，和前兩天比起來感覺上相對輕鬆。途中遇到美國來的父子檔彼得（Peter）、安東尼（Anthony）以及巴西來的姑娘瑞貝卡（Rebecca）。彼得和安

東尼在倫塞斯瓦列斯庇護所就睡在我隔壁床的上下鋪，彼得的呼聲讓我印象深刻，他說瑞貝卡當時也睡在同一個寢室，但是我完全沒印象。既然有此際遇，我建議何不拍張照留念，並邀請伊米爾和史蒂娜一起入鏡。這是我後面要說的朝聖家人故事，在此先賣個關子。

三人行變成六人行，我今天脫離了獨行俠的角色，聖雅各之路是條有趣的路，如果個性不孤僻，即便一個人走，也不會讓你孤獨走完它，只要願意開口，人和人的距離就會拉近。即將66歲、生日早我一天、結婚紀念日和我同一天的彼得，原來我們之間有著這麼多的巧合，不過路上他的大哉問：「走完這條路，你認為自己會有什麼收穫？」才走第三天，這問題怎麼回答？我想到彼得睡在我旁邊鼾聲如雷，笑笑對他說：「至少應該可以接受打呼聲，不再抱怨吧！」我想走完這條路，自己或許更能接受一切的發生，不論好的不好的，都能接受，讓情緒減到最小。能夠接受，就能隨遇而安；能夠接受，就什麼都可以。什麼都可以，應該就是生命的大覺醒和至高的修練境界吧！

穿過蜿蜒的阿爾加河，順著護城的高牆走向有著歷史的城門，我們終於進入了潘普洛納的市中心。不同於前面小鎮的純樸寧靜，潘普洛納的大街上人來人往，熱鬧非常。沒想到進入大城

市後，貝殼和黃箭指標就像人間蒸發般消失不見了，我們只好循著Google地圖，找尋今天準備下榻的公立庇護所。更慘的是，可以容納將近120人的庇護所告訴我們已經沒有床位，其他庇護所也一樣，原來今天週末城裡有活動，庇護所開放任何人都可登記入住。這讓我們大出意外，一開始有點不知所措，後來想想這狀況不也是朝聖路上的一種樂趣嗎？心態轉變，面對狀況心情也就輕鬆多了，人生不也這樣，過得緊張還是輕鬆，都存乎一心。

　　巴西姑娘瑞貝卡說著西班牙文，透過客滿的庇護所工作人員打電話，終於最後問到一家小旅館還有床位，雖然簡陋破舊，價錢還是庇護所的兩倍，但是已經很幸運了。我知道聖雅各會跟我開玩笑，但不會棄我於不顧。

質男大叔語錄

生命的覺醒不是件容易的事，走上這條路，學著改變自己的心性，過去不耐厭煩的事，都試著開始接受；先能接受，才能改變。

DAY 4
走上寬恕之峰。
放下生命之過

- -

Pamplona to Puente de la Reina　26.7公里

　　在潘普洛納的夜色中醒來，推開窗戶看著清冷的街道，昏黃的街燈映照在鵝黃的牆上，偶有路人孤獨的身影穿行而過，室友巴西姑娘瑞貝卡正在整理她的背包。對，一個中年大叔和一名年輕女孩初次相見就共處一室睡了一晚，但是什麼都沒發生。丹麥的小情侶和美國的父子檔名正言順地挑選了自己的房間，我一開始有點不好意思，東方男人的矜持。雖然前面幾天旁邊睡的也是男男女女，但那是一群人，這一晚只有兩個人，台灣大叔真的有點不習慣，巴西女孩倒是大大方方，不覺奇怪。

　　從潘普洛納到皇后橋鎮（Puente de la Reina）大約26、7公里，途中最高點寬恕之峰（Alto del Perdon）將近海拔800公尺。前6公里地形平緩，接著就是一段攀行寬恕之峰的升降坡，前前後後10多公里，特別是從札里奎黑奇（Zariquiegui）小鎮開始的急升坡到下寬恕之峰陡降坡的3公里碎石山路，挑戰不小。老彼得心臟無法負荷，一爬就喘，這段路改搭當地巴士前進，不和我

們同行。他的兒子安東尼説，第一天走到歐立森，他老爹就棄他不顧，跳上行李托運車落跑了。

　　天微明動身上路，我們在潘普洛納的街巷中七彎八繞，始終沒看到貝殼和黃箭標示，花了點時間才發現其他朝聖行者，尾隨其後走了大半小時才走出了這座城市。不少朝聖客不喜歡進入大城市，一來像觀光不像朝聖或尋找自我、修行，二來就是容易迷路。

　　春天在朝聖的法國之路上鋪陳了一望無際的青綠，犁田等待播種的棕黃土地調色盤般層次錯落，造物者的神來之筆，視覺的一道饗宴。遠離城市喧囂，走進自然寂靜，就只是簡單地以一種從容規律的步伐行進著，除此之外，什麼都不做，什麼都不想，安靜地看著春天來臨草木的自然生長。這一刻，生命純粹的沒了雜質，它以自己的方式流動，不受限制，不受操控，不需指引，一切順勢。

　　4月是油菜花的季節，一片花黃點綴在青綠間，景色太美，

美的讓人心動、陶醉。弘一大師李叔同〈春遊〉寫道:「春風吹面薄於紗,春人妝束淡於畫,遊春人在畫中行,萬花飛舞春人下。梨花淡白菜花黃, 柳花委地芥花香,鶯啼陌上人歸去, 花外疏鐘送夕陽。」此刻我就在畫中行走,那裡春風輕柔,那裡花豔花香,那裡綠草如茵,聖雅各路上的春遊,筆墨難以形容。

在一碧萬頃小麥田間的小徑上行行復行行,從海拔400公尺一路向上攀行到海拔800公尺,雖不至於氣喘如牛,呼吸吐納還是有點吃力,加上高低起伏的碎石頭路,背著重背包走在上面,如果這不是磨難,什麼才是磨難?遠山上巨大的風力發電車轉動葉片向路上的朝聖行者招手,但是走了半天也只是和它們遙遙相望,等到吸吐著大氣爬到它們身邊,這段路上的最高點寬恕之峰忽焉出現在眼前。

寬恕之峰是這段路上非常著名的景點,沒有朝聖者不在這裡打卡拍照的。這裡首先映入眼簾的除了巨大風車外,另外就是象徵朝聖之路的一面朝聖者或走或騎的雕塑裝置。在雕塑上刻有 "Donde se cruza el camino del viento con el de las estrellas" 西班

牙文，翻成中文就是「風之徑和星之路在此交會」。這裡一年四季風勢極大，從不停歇，像是上天賜與的禮物，所以寬恕之峰周遭豎起了一座又一座的風力發電車，綿延數公里；而從這裡通往星野之城聖地牙哥康波斯特拉，夜裡星河浩瀚，順著星河方向就能走到聖城。風徑星路，在寬恕之峰上美麗浪漫相會。

站在寬恕之峰上登高望遠，鳥瞰山下田園風光的舒展，心也跟著開放起來。雖然攀登艱辛，但是身處當下這一刻，都值了；那種驚喜與驚艷，讓生命充分療癒，讓人頓時海闊天空、與世無爭。觸目有所及也無所及，有邊界也無邊界，遼闊到好像全部都是屬於你的，那麼生命中還有什麼好怴求的？

從寬恕之峰下坡，遍地碎石頭一路陡降，比上坡路更加難行。路上再度遇到德國來的外婆、媽媽和5歲小勇者，一家人大手牽小手向皇后橋鎮邁進，還有一半的路程，即使再累，慢慢走，總是會走到目的地，在他們臉上看到了幸福與快樂。

我們一行五人走到皇后橋鎮的第一間私立庇護所時，大雨傾盆而下，感謝聖雅各的眷顧，沒讓我們淋到一滴雨，這一天的

　　行路到此告一段落，並在熱水澡洗浴之後，享受了一頓豐盛的晚餐。走上朝聖之路後，日子過得簡單又有規律，走路、洗澡、吃飯、睡覺，這就是我的一天日常，我的幸福美好。再天大的事，都沒有這四件事重要，當然還要加上喝水和生理解放。

　　這幾天走下來的感覺，聖雅各朝聖之路不但療癒，而且神奇。它會讓你的身體沉重疲累，但是它又使你的心靈輕鬆盈沛，身體和心靈處在衝突對立的狀態，卻又是如此的和諧平衡。

質男大叔語錄

寬恕之峰，峰名「寬恕」，攀爬來到這裡，就寬恕生命中
所有的是與非、對與錯。原諒別人、原諒自己、原諒所有
沒放下的過去。原諒曾經的傷痛，重新好好對待自己。

DAY 5
傾聽。
朝聖路上和自己身體對話

- -

Puente la Reina to Estella　24.2公里

　　早上起來肩背隱隱作痛，可能跟昨天寬恕之峰上上下下有關，吃完庇護所的早餐後，決定讓肩膀休息一天，跑去處理托運背包的事情。這一路上各家背包托運服務公司都會在庇護所留下所屬的托運信封，你只要填寫完自己的基本資料，和要運送背包到點的庇護所名稱，在信封袋放進運送的費用，通常4到8歐元不等，然後把信封袋繫在自己的背包上，放在指定的位置，一切搞定，接下來就可以輕鬆上路了。不過要提醒的是，選擇哪一家前，千萬先看清楚信封袋上的說明，有的托運公司規定你得前一天打電話告知，他才會過來取件運送。有一次，我就是誤以為所有的托運公司都會主動取件，不知要事先打電話通知，結果人都到了下榻的庇護所，背包還靜靜躺在2、30公里外的前庇護所，當下五雷轟頂。

　　因為處理托運，又回到一個人獨行的狀態，身上沒重擔自是輕鬆自在。穿過皇后橋鎮主要的窄長街道，走出拱門，抬望眼仰

天沒長嘯，視野豁然開朗。映入眼簾的皇后橋（Puente la Reina）
橫跨阿格河（Arga）上，就像典雅的皇后般顧盼生姿。皇后橋在
聖雅各之路極富盛名，羅馬式建築，拱橋臥波，秀水映橋，橋孔
和倒影形塑大小不一的圓，成了一道亮麗的風景線。相傳11世紀
朝聖者行經此處，渡河經常被船夫敲詐斂財，當時的皇后得知後
為朝聖者建了這座橋，因此得名，後來也帶動了地方上的經濟繁
榮。算算這座橋也有千年之歲，送往迎來，承載了多少世間風華。

　　過了橋就出了皇后橋鎮，今天落腳的小鎮是星星鎮埃斯特
亞（Estella），20多公里的路程，中間經過四個小鎮。路上遇到
從美國德州來的夫妻檔傑克（Jack）和琳達（Linda），他們和老
彼得一樣都66歲了，看上去精神奕奕，步履穩健，臉上堆滿了笑
容。相互問好，簡單自我介紹後，琳達看到我肩上只背了個小背

包問說：「你今天托運背包？」「背痛，花5歐元換它一天的輕鬆。」「別勉強，我們都該傾聽自己身體的聲音，不然痛苦的還是自己。」

我們邊走邊聊，焦點都落在背包上。琳達和傑克退休後，四處旅行，這次挑戰自己的體能，選擇了聖雅各之路。如同所有第一次走上這條路的行者，考慮這考慮那，東塞西塞，兩人背包也各塞了10公斤左右，琳達說她太高估自己的負重能耐，走第一天就吃不消，第二天當機立斷，只留下必用的物品和換洗衣物，把用不到的東西打包直接托運到聖城聖地牙哥康波斯特拉，如今輕輕鬆鬆，感覺苦行變成了郊遊，「我們體力到哪就走到哪，絕不勉強自己一天非得走個2、30公里。」一抹舒懷的笑容揚在琳達的嘴角上。

我們都對不可知的未來充滿了恐懼和焦慮，於是「準備」了太多，就像走這條路一樣，這也放不下，那也非要不可，最後

反倒變成了負擔，丟也不是，不丟也不是，進退兩難。深深體會到，朝聖路也好，人生路也罷，不憂不懼，簡單上路，輕鬆自在。

「傾聽自己身體的聲音」真是句好話，讓身體發出的求救聲，來決定背包裡東西的去留，不過今天身體肯定不會喚爸叫母，暫且饒它們一命。說來說去，還是捨不得，不能捨自然無從得。這條路也好，我們的人生也好，明明有很多重量承受不起，但是又對這些重量戀戀不捨，壓得喘不過氣、痛苦難當，想想，都是自找罪受，怨不得天尤不得人。

我和傑克、琳達說了聲待會見道別後，繼續一個人前行。喜歡聖雅各朝聖路上這樣的相遇，一個笑容，幾句哈啦，大家就成了朋友，隨興聊著這條路上的二、三事，逍遙快意。大叔我一個人的苦行之旅，除了勞其筋骨困乏其身外，這條路上向來不孤單寂寞。

朝聖路上處處有驚艷，遇到一名年輕男孩依魯內（Irune），

看到他時，他正蹲在地上堆石頭，非常有耐心地一層一層像堆積木般往上堆疊。他和他的朋友亞瑟（Arthur）正努力在這山徑上打造中途休息站，為路過的朝聖客奉上茶水點心，朝聖行者們自由取用隨意樂捐。他們很有心，為休息站做了裝飾布置，讓經過的人眼睛為之一亮。

　　這一段路上遇到的稀奇事還真不少。一位法國先生巴斯卡（Pascal）手上拿著一把吉他麗麗，引起我們的注意。攀談後，要求他現場露一手，他邊走邊彈邊唱，他先為

巴西姑娘瑞貝卡唱了巴西歌曲，接下來為丹麥情侶伊米爾和史蒂娜唱了丹麥歌，想說中文歌他應該不會了吧，沒想到他彈奏起吉他麗麗，流洩出任賢齊〈對面的女孩看過來〉音樂，並且唱了起來，繼之又彈起鄧麗君的〈月亮代表我的心〉。傑兒，這法國大叔真是太神奇了。

　　走了六個多小時、20多公里，下午2點不到就進了星星鎮。找到庇護所登記入住，梳洗完畢稍事休息後，悠哉悠哉地鎮上四處晃蕩。埃斯特亞（Estella）為什麼被朝聖客叫做星星鎮，因為西班牙文Estella就是星星的意思。這小鎮建立於11世紀，雖然幾經戰亂，但是小鎮還保有中世紀的風光，鎮上的教堂、修道院和豪宅多是羅馬式和哥德式風格，深具歷史和藝術價值。其中，12世紀興建、宛如城堡般雄偉矗立在埃加河兩岸的聖佩德羅教堂（Church of San Pedro de la Rúa）和聖米格爾教堂（Parroquia San Miguel Arcangel），氣宇軒昂，建築藝術各擅勝場，在聖雅各之路上極富盛名。拾階登梯而上，不知是否開放時間已過，兩座教堂都大門深鎖，緣慳一面，只好各自繞行一圈，代表我來過了。

✎ 質男大叔語錄

傾聽身體的聲音，放下執念，不要對抗，才能依著聖雅各的腳步平安走完這條路。

DAY 6

斷捨離。
朝聖路上的減法人生

- -

Estella to Torres del Rio　30.2公里

　　很多人都說朝聖之路是一段和自己對話的
旅程，能夠找回那個簡單最初的自己，出發前也
曾想過這麼做，然後就遇到了那個迷失多年的自
己。但是，說真格的，第一個星期的苦行，我滿
腦子都在沉重的背包上打轉，根本無暇找什麼單
純良善的自己對什麼話，想方設法擺脫背上10多
公斤的糾纏，才是當務之急。可我也不能天天托
運，一來就是要背個大背包在身上才像是走朝聖
之路，二來不想有超出預期太多的額外支出。

　　從星星鎮走到濱河拖雷司（Torres del Rio）
30公里，出發前決定把曬衣繩、曬衣夾、筆記
本、一條備用的手機充電線、還有因為手機固定
器不慎遺失而無用的三腳架遺留給庇護所或丟
棄，算算背包至少輕了1、2公斤。可能連續走了

5天的路，體能衰減，儘管丟了些東西，仍然感覺背包沉重，才走出星星鎮就渾身不對勁。

走了2公里來到阿耶吉（Ayegui）小鎮，走在前方的朝聖行者都被路上一道雕花鐵門、藤蔓門飾和陳列的鐵鑄貝殼飾品吸引了進去，我跟著湊熱鬧，順便卸下肩上的背包休息。原來這裡是一處鑄鐵小鋪，鑄鐵匠Jesús Angel Alcoz從他父親手上接下衣缽後，多方學習鑄鐵技術和設計，他的作品兼具實用和藝術價值，鎮上開了家店，在當地小有名氣，連潘普洛納的工藝學校也經常邀請他為學生開講座，示範鑄鐵工藝。我們隨興參觀擺放在小鋪裡的飾品，他則是專心顧著爐火，只有結帳時才過來跟大家哈啦幾句。我選了條貝殼鍊子當作紀念。

在阿耶吉小鎮真正讓所有朝聖者流連佇足的是酒泉（Fuente del Vino），這裡的紅酒由Bodegas Irache酒莊提供免費飲用，愛喝多少喝多少。在11世紀，阿耶吉這個地區設立了Irache修道院，這也是朝聖路上第一所的朝聖者醫院，12世紀修道院的修士開始釀紅酒，除了提供給當地皇室外，也會提供給朝聖者。如今Bodegas Irache酒莊延續這項傳統，在行經的路上設置了酒泉。

打開水龍頭，石榴殼紅顏色般的紅酒流

洩而出，質地不因免費而打折，甘醇不澀。路友們忙著裝酒，忙著拍照，現場好不熱鬧，這就是聖雅各不定時給朝聖客的驚喜，讓這條路走得雖累，但有的是樂趣。

　　有人打趣說多喝一點酒泉的紅酒，會忘記腳底疼痛的水泡，肩上沉重的背包。原來大家的苦痛都一樣，但是走在這朝聖路上，似乎都變得樂觀了，懂得苦中作樂。貪杯，我裝了半瓶保特瓶的紅酒一飲而盡，希望能忘憂，不過背包依然沉甸沒有變輕，只好藉著酒意毫不猶豫地把至今未用到的雨鞋套、充氣枕頭、三條長褲中的一條長褲，以及味如嚼蠟的一大片巧克力丟進鎮上的垃圾桶。

　　丟掉這些東西前，我曾經想過是否把多餘衣物直接寄到聖城聖地牙哥康波斯特拉，郵寄費用絕不比今天拋棄物總價來的高，結果還是等不及走到下一座停留的小鎮。這六天來朝聖路上的我不斷地和過去的我拔河、角力，「丟了多可惜，花錢買的，有的用都沒用」、「遲早派上用場，再忍忍，撐一下」，那個執著念舊惜物的自己，終究不敵重量的折磨敗下陣來，當下的現實自然

教會你斷捨離。

　　我們常捨不得跟著我們的東西，但自己都不知道它們綁架了
自己多少年？佔據了自己多少空間？再也不會用它，卻愈堆積愈
多，讓自己的空間愈來愈少，愈來愈小。這種對事物戀戀不捨的
感情，放著不管也會變成重擔，跟此刻朝聖路上的背包一樣，承
載地好重好累。走完這條路回到家，決定先整理束諸高閣早已不
穿的衣服，再來收拾深藏心底的不美好記憶，這是聖雅各一開始

教我的一件事。

　　丟掉了一些重量，如釋重負，接下來的26、7公里，走得相對輕鬆，苦痛不再糾纏，心情為之大好，我又可以把心思放在沿路的風光，微笑對人。路上看見的風景愈來愈美，天空藍的很美，漫天的白雲很美，遼闊的紅土地、綠平原、黃花田很美，還有行走的朝聖者也讓這條路變得很美。途中午餐史蒂娜關心開口問：「劉，你還好嗎？」一路上我曾向她和伊米爾抱怨過無數次

背包太重受不了。「沒事，路上丟掉了幾公斤東西，我現在很好。」小女孩睜大了眼睛帶著笑意說：「為你感到開心。」

　　路上再度遇見第一天翻越庇里牛斯山認識的瑞士帥哥戴米恩，透過他又認識了三位新朋友，丹麥來的湯瑪士（Thomas）、伊娃（Eva），和德國姑娘塔里莎（Talisa），加上伊米爾、史蒂娜，形成了新的伙伴群，一路嬉鬧有說有笑，我這位大叔夾在年輕人之間，好像也跟著年輕起來。我們下榻拖雷司同一家庇護所，晚餐時有感而發：「我們能在這個時間點、這條路上相遇，那是多麼美好的一件事，但是你們是否想過，我們也許前世就認識，才有這一世這條路上的相逢。」戴米恩看著我：「劉，你是個有趣的人，你的話也很有意思，我從未想過。」

　　聖雅各朝聖路上的緣分很奇妙，可以把來自世界各國的人在很短的時間裡拉攏成朋友，但我真的覺得前世的因緣讓我們在這一世再次相遇。

✎ 質男大叔語錄

斷捨離，就從身邊看得見的東西開始吧！減法人生或許會為自己的生命帶來更多的清爽與開闊。

DAY 7
唉唷不得了。
我的皮夾不見了

- -

Torres del Rio to Logroño　22.4公里

　　在黎明揭開面紗前醒來，還有人正享受著清夢，以盡量輕盈嫻熟的動作摸黑完成梳洗和打包，準備上路。一個星期下來，已經適應了這樣的作息，一名朝聖行者的日常，簡單加上俐落。早餐一杯咖啡、一杯柳橙汁，加上鮪魚三明治，就是撐到中午的體力來源。

　　西班牙北部的地形丘陵起伏，視野遼闊，眺望遠山的山頭還積著皚皚白雪，行走在空曠的天地之間，雖然5月的春風強而冷冽，太陽躲進雲層，不由得瑟縮著身子前進，但是這一路的靜好，打從心底感謝老天的賜與。沿路成田的油菜花如乾隆下江南所題：「黃萼裳裳綠葉稠，不是閒花野草流」，加上遍野滿開的罌粟花紅、新綠吐芽的葡萄藤葉和園裡枝蔓招展的橄欖樹，構成一幅又一幅的大自然視覺圖像，全都成了聖雅各路上的記憶構圖。曾經在橄欖樹園打過工的伊娃告訴我，這裡種植的橄欖樹至少百年樹齡，農作經濟價值很高，這是城市中長大的我們完全看

不出來的生命。望著已是樹瑞的它們，齊豫的橄欖樹在腦海盤
旋，接著一路哼著、唱著，快意地活在這條路上。此刻無憂不思
塵俗地活著，還有什麼比這更美好的？

　　路上又有一個中途休息站吸引了我的目光，那裡堆疊了一
座座石頭塔，最高的至少超過一米，像裝置藝術般如如不動矗立
路邊。石頭塔旁設置了簡陋的飲料點心小攤子，像依魯內和亞瑟
的茶水攤一樣，自由取用，自由捐獻。負責攤子的是一位看來30
歲出頭的當地男子，不見他吆喝路過的朝聖行者買飲料點心，他
總是默默坐在一旁，看著過往和流連此處的人們。我想那攤上的
一切，就是他的生計，朝聖行者捐獻多少，他的一日生計就是多
少，飲料點心總是有成本的，利潤應該相當微薄，但總覺得他恬
淡自得，與世無爭，這種活著的態度讓人羨慕。

　　朝聖之路不用期待，每一天都有不同的故事等在前面，即便簡單微小，都能驚喜豐富你的心靈，讓自己不斷臣服和感激這條路給你的一切。這一路不斷看到上天給予的恩典，不斷地教自己要惜福，那世上的汲汲營營，在這一刻該放手就放手，該隱遁就隱遁，該出離就出離，無止盡的追求，可能會與生之初的真善美愈離愈遠，而忘了來到這世上的初衷。從這位西班牙男人的身上，感受不到勾心鬥角，感受不到機關算盡，感受不到爾虞我詐，他安靜地活在衣暖食飽的夢想園地中，花三個月時間堆疊出令人驚艷的生命圖騰，純真、善良且美好。

　　走到比亞那（Viana）已近中午時分，這也是今日落腳城鎮羅格羅尼奧（Logroño）之前的最後一個小鎮了，兩個城鎮之間約莫還有兩個小時的路程，我和伊米爾、史蒂娜決定在這簡單用

餐。比亞那不大，保有文藝復興時期巴洛克式建築的教堂、宮殿和莊園，我們休息用餐的廣場正好面對聖瑪麗亞教堂，不知是不是雲層遮住太陽但又透著太陽光暈的緣故，加上飛鳥盤旋，總給人一股森冷的感覺。在廣場上遇見一隻被主人拴在柱子旁的小哈士奇，黑白相間毛茸茸一團，在太陽下伸著懶腰，一張臉盡是笑意，這條路上連狗都懂得微笑對人，而且極其親人友好。

　　行行復行行，指路的貝殼和箭頭以不同的形式出現眼前，看見它們就等於安了心。尋找和發現貝殼、箭頭，也成了這趟旅行不可或缺的習慣。順著貝殼和箭頭的指引，跨越橫亙埃布羅河（Ebro）的圓拱大橋，就進入了羅格羅尼奧。埃布羅河長900多公里，是伊比利半島第二長河，西班牙境內第一長河，流經羅格羅尼奧的河水清澈，兩岸綠樹倒影相映，更是碧波蕩漾春心動。

　　伊米爾在羅格羅尼奧的鬧街巷子中訂了一家小旅館，他和

史蒂娜想要獨處，所以今晚不住庇護所，我也想要獨處，在沒有呼聲伴眠下好好睡一晚。小旅館30歐元一晚，折合新台幣一千出頭，儘管比庇護所高出三、四倍，也算還可以接受，有時候對金錢不需斤斤計較，對自己要好一點。然而就在入住小旅館後，發現側背包中的皮夾不見了，裡面放著三張信用卡和一張台胞證，還好上路第二天嫌從皮夾拿錢麻煩，現金都放在側背包的夾袋中。當下我沒有很著急也不懊惱，只是聯絡妻子時被叨念怎麼那麼不小心，請她幫忙先辦理信用卡網路掛失。

　　這條路才走了7天，竟然神奇地把自己焦急、抱怨的情緒都磨掉了。以前的我，會被這狀況搞到心情大壞，然後陷入不安懊悔之中，無心再做其他事，但是這次覺得掉了就掉了，再煩再惱也無濟於事，不想為了掉個皮夾讓接下來的朝聖之路走在不愉快中，而錯過了沿路的顏色。至於皮夾什麼時候、在哪掉的，自己

完全沒有頭緒。

　　晚餐時我告訴伊米爾這件事，並請他幫忙打電話到之前停留的庇護所詢問，為了答謝幫忙，決定晚餐我付，伊米爾笑著關心說：「你是認真的嗎？以後錢不夠用怎麼辦？晚餐我們自己付就好。」「你幫我的忙，一來這是應該的，二來你們就像我的孩子一樣，比我女兒還小，在台灣請吃飯長輩付錢很普遍。別擔心，沒事的，真沒錢就跟你借。」他倆點頭：「沒錢了一定要跟我們說。」這兩個孩子真懂事貼心，我總覺得這條路上的人情好美，朝聖路上的人都很善良。

　　晚飯回到住處，伊米爾打電話到落腳過的庇護所一家一家詢問，終於在潘普洛納下榻的小旅館問到皮夾行踪。事實上，伊米爾也不會西班牙文，他透過google翻譯現學現講，夾雜英文，要求對方回答是或不是，而對方只會說西班牙文，電話裡的回答他說也是鴨子聽雷，總之皮夾有著落了。我請他跟對方說明天再聯絡，到時候請會說西班牙話的瑞貝卡幫忙溝通如何取回皮夾。

　　儘管信用卡已經掛失，皮夾回到手上也還是個未知數，但至少感受到了失而復得的喜悅。

質男大叔語錄

事情發生了就發生了，焦慮悔恨無濟於事，重要的是如何處理當下的情緒，處之泰然。

DAY 8
晴雨有時。
朝聖路的簡單與初始

- -

Logroño to Nájera　30.0公里

　　有人說，選擇自由，就要忍受孤獨，害怕孤獨，就要放棄一點自由。一個人旅行，孤獨嗎？一個人旅行，真能享受到自由嗎？在調整好背包重量，適應每天負重走它2、30公里後，我開始思考這個問題。

　　啟程前一直以為一個人旅行承受孤獨是必然，孤獨帶來遇事無所依靠、無法商量、只能跟自己對話也是必然，一個人旅行就是一趟自我的修行，學習更赤裸無所遮掩地與自己相處，這也是為什麼這次我嘗試結伴而行以外的旅行方式走上朝聖之路，體驗孤獨然後換取無人干擾、不需妥協的自由。然而這條路並不完全是這麼回事，聖雅各精心設計，祂在你需要的時候給你獨處的時間，但絕不會讓你一路800公里都孤單寂寞。我知道祂遣了兩名天使在第三天與我相遇，一路陪伴，但是又不打擾我的自由。

　　這5天以來的相處，伊米爾和史蒂娜是朋友更像家人的互動，是自己始料未及的，想到昨晚伊米爾一通一通電話幫忙詢問

皮夾下落，晨醒後依舊感到溫暖。今天又是30公里的長征，和風煦煦，陽光終於露臉射雲而出，一道道天光落下凡塵。史蒂娜跟我說天光就是God，我想這一路有God陪著，這趟朝聖之路肯定是被祝福的。

　　眼前突然浮現一片湖光山色，綠頭鴨優游湖面上。地圖上標示著格納赫拉水庫（La Grajera），原本這裡是內陸潟湖，在1883年改建成水庫，後來又擴大作為休閒公園，因為有著濕地生態，這裡的水禽鳥類不少。我們停下腳步佇足觀看悠哉的水鴨，伊米爾指著一頭白鴨子旁的綠頭鴨問說：「牠們要怎樣身上的羽毛才能變成白色？」我告訴他綠頭鴨的羽毛永遠不會變成白色。「你是開玩笑？還是認為牠們真是一家人？」他笑著回我。「如果你要在臉書上取笑我，那就當我在開玩笑。」我一點都沒有取笑的意思，只是覺得這一路上的點點滴滴如此珍貴、如此不可多得，如此該寫入我的記憶，一切都如此自然且單純，像家人一樣。

　　走了8天，路上第一次遇見牧羊人和他的羊群與牧羊狗。踏上朝聖之路前，我看完《牧羊少年奇幻之旅》這本書後曾經做過

一個夢，夢到一名白鬍飄逸的持杖老牧羊人笑著向我招手，也許是聖雅各的化身召喚，也或許是一種自我暗示，無論如何，我總希望在這條路上能遇見牧羊人和他的羊群。當我看見這位牧羊人安逸地坐在路邊野草間，看守著他的羊群，雖不是夢中牧羊老人的模樣，仍然感動莫名。聖經有一段文字記述：「**我雖然行過死蔭的幽谷，也不怕遭害，因為你與我同在，你的杖、你的竿都安慰我。**」走在聖雅各的路上，我相信必然也有一位牧羊人引領我和其他行者前行，無所畏懼。

　　天有不測風雲，風和日麗的天氣說變就變，才走了13公里，溫度從18、9度不知不覺掉到10度，查看手機，體感溫度只有7度。一路空曠毫無遮擋，寒風恣意毫不客氣，就這樣受冷頂風地走了17公里到下一個落腳點。朝聖之路不會一路都晴朗和暖，也不保證處處風光明媚，它只管讓你不停地往前邁進，走完了這800公里，自然會對「無常」這二字了然於胸。然而這一刻，史蒂娜心情明顯受到影響，從話中聽出她的沮喪。

　　「今天風景有點單調，又冷，路又長，覺得有點悲哀。」

我把來之前學到的一句法文脫口而出：「C'est la vie」，這就是人生，事事有時，晴有時，雨有時，冷有時，暖有時，美好有時，不美好有時，快樂有時，悲傷也有時……。我們生在其中唯一可以讓自己好過的，就是臣服、接受「有時」的一切。自己好像在向史蒂娜傳道：「這條路就像我們的人生縮影，不會時時刻刻都盡如人意，接受任何風景或覺得不美好的情況，一個轉念，境就會隨心轉。如果覺得風景無聊，就唱歌吧！」我這一路都在唱歌，唱三毛寫的橄欖樹，不管情境還是心境，都覺得好符合現在的自己。「為什麼流浪？為什麼流浪遠方？為了我夢中的橄欖樹……」這一路到處都是百歲樹瑞的橄欖樹，而我正在這條路上流浪。

　　事實上，我一點都不覺得今天的風景單調。我喜歡看雲，有風的日子，雲特別多特別美，走在聖雅各朝聖路上，感覺雲離自己特別近，信手就能摘取。那遼闊的白絮撲天展開，看了都跟著豁達。學著在這條路上自行找樂趣，喜就從天降。而那些再無聊單調的路，當你跨越回頭時，已成了過去式，所以那個當下心情很重要。覺得悲傷，這段路就是悲傷的，覺得快樂，走起來就是

快樂的。

　　眼看快到今天的終點站納赫拉（Nájera）小鎮時，我問了丹麥小情侶一個問題：「這幾天走下來，你們覺得這條路上最重要的事是什麼？」走了將近30公里，伊米爾直接了當說要趕快到庇護所洗個熱水澡，緩解小腿肌肉的痠痛；史蒂娜的答案跟我最接近，吃喝拉撒睡。我想走在這條路上，沒有任何事比這些事更重要，「吃喝拉撒睡」是我們日常最基本的需求，生命延續最基本的道理，但很多人可能忙碌於其他，反而忽略它們的重要，而這條路上沒有生活的汲汲營營，只有不停地走路，聖雅各教了我回歸簡單和初始，原來如此重要而且美好。

⟋ 質男大叔語錄

孤獨和寂寞怎麼區分？孤獨或許屬於形體，寂寞或許屬於心靈。孤獨未必寂寞，寂寞未必孤獨！

DAY 9
春心蕩漾。
行走在神的畫布中

Nájera to Santo Domingo de la Calzada　22.0公里

　　90人同時睡在一間超大寢室中是什麼滋味？睡得著嗎？洗澡需要排隊嗎？

　　或許朝聖之路走下來，每個人都有自己的節奏與規律，雖然90人共宿一室，上面的問題無須擔心，至少我使用浴室時沒有排隊，如同伊米爾期盼的，立刻就能沖個熱水澡消除疲勞；至於90人共寢我只覺得新奇有趣，人生從未有的經驗，鼾不鼾聲已不是重點，當作欣賞鼾聲交響樂。我準備了耳塞但並沒使用，或許走30公里太累，碰到床很快就進入夢鄉，一夜酣眠。

　　凌晨5點半在黑暗中醒來，納赫拉公立庇護所裡窸窸窣窣，已經有人起床梳洗，準備打包前往下一段路。庇護所裡三位義工老先生，來時站在門口歡迎朝聖者的到來，走時依舊站在門口歡送大家離開，握手擁抱，細語殷殷，接受大家的感謝和道別。每一家庇護所都有這樣的義工，他們親切待人，充滿溫暖，有什麼問題都想辦法幫忙解決，但是像這樣在門口送往迎來的庇護所義

工，還是第一次遇到，格外讓人印象深刻，倍感溫暖。這家公立庇護所不收費但接受樂捐，樂捐有規定不能超過5歐元。除了錢，臨行前我也樂捐了我的勞力，幫忙把灑在浴室地板上的水用拖把拖乾了，牆上貼著「淋浴後請將地板拖乾」的提醒字條，早上大概大家匆匆梳洗，趕時間忽略了。

　　吃完伊米爾為大家做的早餐出發上路，大男孩的手藝不錯，愛下廚，這一路上只要庇護所有廚房，我們的伙食幾乎都由他張羅。跟他們路上聊了一會，約了聖多明各德拉卡爾薩達（Santo Domingo de la Calzada）庇護所見，就快步向前，今天想一個人走。在這條路上，沒有人情的包袱，你要怎麼樣都可以，你不用黏著別人，別人也不會綁住你，自由自在。當然，一個人走，不需要矯揉造作刻意要跟自己對話，放空就好，走路就好，和沿路經過的人打打招呼，然後看看大家臉上回報的笑容。這條路大概是我這輩子打招呼最多的一條路，也是我看到最多笑容的一條

路，更是自己笑的最多的一條路。

　　從南法聖讓皮耶德波爾到聖城康波斯特拉的這條法國之路，一年四季各有風情和屬於季節的顏色，春天的綠色系中，我們行走的這條黃土路，承載了多少朝聖者的記憶，夾在春綠當間，也自成一道風景，更有況味。5月依舊是油菜花的季節，花黃滿田埂，田園幾許，收盡春光。聖雅各路上初見黃花田埂已經讚嘆不已，今天的油菜花黃潑灑綠野之間，揚起的黃艷，彷彿直上天堂般，簡直就是神的畫布。弘一大師李叔同詩中的「遊春人在畫中行」，大概就是這種意境吧！怎不叫人心馳神往？

　　來到一條陡降坡前，俯瞰已經不遠的聖多明各德拉卡爾薩達小鎮，視覺相當壯觀，這一天的22公里步行終於即將結束。不過就在這時候，一名路友被自己的腳絆了一下，一個跟蹌身子往前傾倒，整個臉向下撞到地面，眼角、額頭、鼻子都在流血，經過他身邊的路友全都停下了腳步圍向他關心他的傷勢。我拿出擦傷口的藥膏和OK繃，一位德國太太幫他做了簡單的傷口清理。有人對著我和德國太太說：「你一定是醫生，那妳就是護士。」我想這是外國人的幽默，刻意製造的歡笑吧！醫生、護士和傷口清理後的傷患留下一張照片紀念這不幸事件，他臉上掛著笑容，沒想到朝聖之路療癒肉體的傷痛如此之快。

　　走進聖多明各德拉卡爾薩達天色尚早，不大的小鎮湧進了一票遊客趕著參觀主教座堂。教堂奉拜的聖人自然是聖多明各，11世紀他出生在這個小鎮，一輩子最大的使命就是把從洛格羅尼奧（Logroño）到布哥斯（Burgos）的朝聖之路修得平平整整、漂漂亮亮，而且打造好食宿和天主教相關的配套設施，後人於是稱呼他修路的聖多明各（Santo Domingo de la Calzada），連鎮名都跟著改了。

聖多明各拉卡爾薩達這座千年古鎮，最為人津津樂道的就是主教座堂裡飼養的一對公雞母雞，這和聖多明各的聖蹟有關，不論真假，姑且聽之。傳說有一名德國帥得不得了的小鮮肉跟著父母一道踏上朝聖之路，來到聖多明各德拉卡爾薩達住進一家小旅館。旅館老闆的女兒深深愛上這個男孩，但是落花有意，流水無情。女孩自尊受損，盛怒之下把一只銀杯偷偷放進男孩的背包，誣陷他偷竊。當時偷竊是要處以吊刑的重罪，於是當地市長下達了處死指令。男孩父母救子無望，向聖多明各禱告後，極度悲傷地離開傷心地，繼續走到聖城朝聖。

當他們返回聖多明各德拉卡爾薩達想帶兒子的遺體回家，卻發現兒子仍吊在那，並奇蹟地活了過來。男孩對父母說：「聖多明各知道我沒偷竊，所以讓我復活了，快去請市長把我放下來。」男孩父母見市長說明來意和要求，市長當時正在宴客，他指著餐桌上的兩隻烤雞嘲笑說：「如果牠們能活過來，我就放下你們兒子。」話才說完，只見兩隻雞真的活

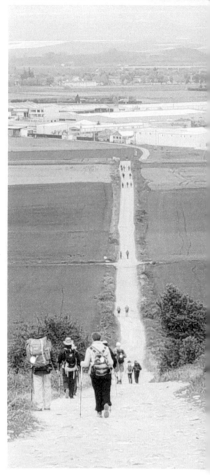

了過來，拍拍翅膀喔喔幾聲跑走了。

　　這故事當然有讓人無法思議的部分，但是看著教堂裡那兩隻活生生的公雞和母雞，自是提醒世人，心存善念，壞事莫做。伊米爾打趣說：「我得趕快離開這個小鎮，免得被庇護所的女兒看上。」史蒂娜賞了他一個白眼。

　　爬上主教座堂對面的鐘塔頂，俯瞰這座城市，眺望著來時路和明天即將踏上的征途，我的心沉浸在喜悅和幸福之中。

✎ 質男大叔語錄

人在做，天在看，老天有眼不是喊爽的，烤雞復活也不是來鬧的，千萬別做虧心事！

DAY 10
阿娘哈細腰。
我不是韓國人

Santo Domingo de la Calzada to Belorado　22.4公里

　　聖雅各朝聖路上每天固定有一群人，他們的臉孔愈來愈熟悉，但又非常陌生，只有在打招呼中擦身。遇到韓國來的阿珠媽（大嬸）、阿澤西（大叔）我都會跟他們「阿娘哈細腰（안녕하세요）」，他們也都很開心，以為我也從韓國來，開始韓文交談，我立馬用英文告知：「我來自台灣，不會說韓文。」不過，也有歐美的老外初見面時會開口問我：「你是韓國人嗎？」靠茶水攤樂捐度日的西班牙當地人見我開口也是「阿娘哈細腰」，這可讓人好奇了，心想通常分不清黑頭髮黑眼珠黃皮膚亞洲人誰是誰的他們，為什麼會猜我是韓國人？我總是微笑以對堅定地回答：「我來自台灣，不是韓國人」。

　　同梯這一團的朝聖者，絕大多數都來自歐美國家，至於亞洲臉孔，韓國人還真的比較多，這幾天走下來，算算至少遇到十個韓國人，日本一位，就是第一天碰到的山崎先生，他因為每天無法走太長的路，其實已經脫離了這個梯隊，台灣一個，那就是

　　我，另外還有一位來自香港的小學退休校長。上網查閱朝聖辦公室的統計資料，終於明白為什麼會被誤認是韓國人。2018年走上西班牙朝聖之路的韓國人總共有5,665人，亞洲人走朝聖路的第一名，甚至遠超過其他歐洲國家，擠進朝聖之路國家排名第九名，日本1,477人，中國1,111人，而我走的這一年台灣也突破1,000人至1,024人，相較前一年的649人，成長了快一倍，相較2010年的27人，更是大幅成長了近50倍。

　　路上遇到一名韓國大學四年級的女孩曹永恩，打過招呼問她：「我很好奇為什麼這條路上韓國人特別多？」「韓國有不少的天主教徒，宗教是個原因，另外我們喜歡登山健行，西班牙朝聖之路在韓國非常有名，所以想來挑戰看看。」她屬於後者，在讀高中時就動心起念，但總覺得自己身心還不夠強大不敢貿然嘗試，一直拖到今年才硬著頭皮一個人踏上這條路。我告訴她，只要走上這條路，自然就變強大了，「Fighting！（화이팅）」這是看韓劇學韓國人喊「加油」的用字。其實這條路連5歲娃兒都能緩步前行，我們似乎愈大愈有包袱，愈大愈瞻前顧後，愈大愈

擔心猶豫，然後錯過了很多難得美好的機會。

今天似乎和韓國人特別有緣。相對於曹永恩的踽踽獨行，途中又遇到六名結伴同行的韓國大男孩大女孩。不像曹永恩英語溝通沒有障礙，他們聽到英文就顯得靦腆，能不開口就不開口，倒是其中一位跟我一樣穿著橘色外套在首爾一家酒吧擔任調酒師的年輕男孩，儘管英文說得不好，但是開口毫不畏懼，大致可以猜出他的意思，他說工作太累，跟老闆請了兩個月的長假休息，也是為了一償夙願來走這條在韓國名聞遐邇的西班牙朝聖路，加上他是天主教徒，一兼二顧。

對於韓國調酒師男孩敢用破英文跟人溝通這件事，深自反省以前遇到老外不願不敢開口究竟是在怕什麼？對於自己也是能閃則閃感到好笑。或許這跟要求完美的個性有關，不容許自己說出不夠精準的英文，愈是害怕退縮，愈是失去練習的機會。想起前幾天彼得路上跟我說，你又不是美國人，何必怕英文說得不好，外國人說中文不也常辭不達意，就算表達不出來，也不會有人在意，大家會試著瞭解你的意思，甚至用正確的說法重複你的問題，聽多了自然也就學起來怎麼說了，但是你不敢開口，連溝通

的機會都沒了。

　　這是朝聖之路的賜與，祂讓你看見自己的弱點，逼著你去承認它、接受它、然後面對它。你完全沐浴在這條路釋放出來的正能量中，丟掉舊我堆積的負擔，無拘無束重新上路。

　　中午抵達今天的終點站小鎮貝洛拉多（Belorado）時飢腸轆轆，辦理好「去聖地牙哥」庇護所（Albergue A-Santiago）入住登記，迫不及待前往附屬的餐廳點餐。「去聖地牙哥」其實是旅館、庇護所、餐廳三合一的經營型態，座落在朝聖路線的小坡上，寬敞明亮整潔乾淨，庇護所一晚只要5歐元，非常搶手，小鎮上正在辦活動，差點沒床位。餐廳點完餐，吧台工作人員手腳俐落冷不防搶走我的手機，我還來不及反應，她已經操起我的手機玩起自拍，是個小美女我當然樂於配合。「這是你們的待客之道？」「只有你！」多甜蜜討人喜歡的回答。

　　午餐後回到寢室，看見軍人荷槍進出，一陣騷動，以為發生了什麼事。打聽之下，才知小鎮正在舉辦每年為期兩天的歷史博覽會活動，他們從其他城鎮過來，也住在庇護所，他們不是真的軍人，只是Cosplay角色扮演成二戰時期的德軍，他們重建1943年

同盟國盟軍入侵義大利薩勒諾灘頭和
納粹德軍激戰的歷史，史稱薩勒諾戰
役。廣場上還有人扮演中世紀武士，
歷史博覽會涵蓋的年代還真是久遠，
天真無邪的孩子們則在空地翻跳。
人口只有2,000人平日向來冷清的小
鎮，這個週末熱鬧了起來，也充滿了
趣味。我有幸，躬逢其盛。

✎ 質男大叔語錄

人生沒有絕對的完美，強大也
不會等待就來，放膽跨出那一
步就對了。

DAY 11
聆聽寂靜。
生命只在呼吸間

- -

Belorado to Agés　28.4公里

　　人有三急，洞房急，生孩子急，另外一急就是尿急了。走在朝聖路上總有尿急的時候，但是荒山野地中前不著村後不搭店，找不到廁所怎麼辦？身為一名朝聖行者，不論男女老少，這時候就必須練就隨遇而安的本事，讓自己完全回歸大自然的懷抱，無所顧忌，忘卻羞恥，找一個有遮蔽的地方，樹林也好，灌木叢也可以，或是巨石土堆，解決你已經忍無可忍的身體所需。這樣難得的經驗當然得留下一點證據，但是又不能夠像孫悟空一樣，飛到如來佛的手指旁，撒了一泡尿後，留下「*老孫到此一遊*」幾個字，只好含蓄地用手機拍下影子留個朝聖路野放紀念。

　　今天一路都是豔陽高照，伊米爾說接下來一週氣溫攀升，最熱到攝氏25度，真是個好消息，終於結束連日陰冷的天氣。從貝洛拉多出發之後的15公里，山路逐步盤升，最高點將近海拔1,200公尺，特別是過了蒙特斯德奧卡自由鎮（Villafranca Montes de Oca）這個小鎮，坡路陡峭，綿長似無止盡，愈爬愈喘，耳朵裡

嗡嗡作響，就像坐飛機起飛降落時一樣，突然間連呼吸、喘氣聲都隨著耳鳴被放大，聽得極為清晰。

　　一般的情況下很少會去聆聽自己的呼吸聲，上一次關注自己的呼吸是什麼時候？我想著。前年吧！在法鼓山安和道場修習初禪靜坐，師父教我們放輕鬆，藉著數息幫助禪定，把心靜下來。那個秋天靜坐數著呼吸，大該是最明確感知自己還活著的證據。隨著初禪結業，回到滾滾紅塵，一忙碌又把對呼吸的關注拋諸腦後。今日這段坡路因為耳鳴，讓自己再度沉浸在當下的吸吐聲中，佛陀說：「**生命只在呼吸間**」，世事無常，活在那個

呼吸專注的當下就好。周遭的山林變
得安靜無比，走著走著也暫時忘了爬
坡這檔辛苦事。

　　穿行過枯樹林，氣喘噓噓走到最
高點空曠處，眼睛為之一亮，站在山
頂石墩上，有著一覽眾山小的豪氣，
彷彿周遭群山都在自己腳下，差不多
同時抵達此處的行者們都停下腳步卸
下背包，一來休息調氣，二來拍照留
念。兩名歐洲來的年輕人在石墩上擺
起姿勢，活潑俏皮，年紀大一點的，
則是靜坐望遠，沉思沉澱。朝聖路上
經常在辛苦登高之後，都會回饋美麗
壯闊的風景，身體雖疲累，但內心舒
暢，這瞬間天地靜好。

　　下山沿途的地理景觀有了變化，像是走進了荒漠一樣，黃土漫漫。石頭排成的箭頭指著前行的方向，還有愛心圖案，想是這段路太單調，有人堆排石頭打發無聊，只是黃土地上鮮少看到石頭，讓人好奇要花多少時間找到這些石頭，又要花多少力氣來搬運這些石頭。一個人走的時候，路上總是出現意想不到的驚喜可以排遣解悶，找到樂趣。

　　為了不增加身上的負重，只攜帶了不到1公升的瓶裝水，過去這些天即使走30公里路都夠撐到下榻小鎮的經驗，讓自己輕忽中途補給水的重要，沒料到22、23度如此舒爽的溫度，在無遮蔭的太陽下愈走愈熱，汗流浹背，爬坡登頂前瓶水已經見底。這時候走在一片黃土荒漠之中，視覺效果更是擴張了腦中的「渴」字。沿路的「渴」望，又遇見了驚喜，一名風情萬種的西班牙女子，背倚枯樹林，站在茶水攤後面為休息的行者倒茶奉水。這中途休息站出現的正是時候，有如沙漠中的綠洲，不知有意無意，這茶水攤名字就取作「朝聖路上的綠洲（El Oasis del Camino）」。

　　就在抵達愛黑斯（Agés）小鎮前2公里，巧遇這幾天路上都沒碰到面的丹麥女孩伊娃和德國姑娘塔里莎，寒暄裡透著開心與熱絡，然後伊娃說起前一天遇到的慘劇。她們透過網路事先預訂庇護所，床事既定自是安步當車緩步前行，出發時間也晚。孰料庇護所電腦作業不知出了什麼問題，抵達時床位已經全滿卻沒有她們的名字，其他庇護所也沒床了，最後兩人只好在庇護所的沙發上將就了一晚。「最好還是電話確認一下比較安心」我說，不過照理說網路訂位應該會有伊媚兒回覆才是，環節哪裡出錯，也沒細問下去。只是，兩個年輕女生窩睡庇護所沙發上，不知是何滋味？

　　三人邊走邊聊時看到一個如同漣漪狀的石頭陣，我開玩笑
是外星人排的，她們哈哈大笑，伊娃問說：「如果真有外星人，
劉，你覺得是好還是壞？」「我覺得好啊，很多事換個角度看，
都會變成好的。真有外星人為什麼不好？如果能在這裡遇見，我
們就上頭條新聞了。」又是一陣笑聲。

　　28公里走了八個多小時，終於來到愛黑斯小鎮的入口，這
是一個小到不能再小的村鎮，但是穿行其中有種說不出的恬靜，
三五結伴同行的朝聖者圍坐吧餐廳前喝酒，歡朗的笑聲增添了些
人氣。走了這麼長這麼久的路，我也坐下來喝杯冰啤酒，圖個春
日午後的清涼。

　　晚上9點半，小鎮沒入落日餘暉將盡的夜色中，街道寂靜無聲，大多的朝聖者都鑽進睡袋中呼呼大睡，自己卻像個傻子般跑出庇護所站在冷風中捕捉這一天最後的天光殘紅，只為那將盡未盡的顏色太誘惑、太浪漫，我願意。這就是聖雅各之路疲累你的身體後所賜與心靈的豐盈與滿足。

質男大叔語錄

人生的道路也和聖雅各朝聖路一樣，總有山高路遠崎嶇難行的時候，只要有堅定的信念，終究能越過抵達目的地。

DAY 12
選擇。
辭高薪走朝聖路可惜嗎？

- -

Agés to Burgos　24.8公里

　　「劉，辭掉一家公司高階主管的工作來走這條路，不覺得可惜嗎？」伊米爾走在路上問我。

　　可不可惜？是個自由心證的問題。中老年辭去工作，我思考了很久，當然也掙扎過，但是一旦想清楚做出決定，可不可惜就沒那麼重要了，我只需要為自己的決定負責就好。很多時候做出重大決定的背後，有很多複雜的原因，但需要一個很大的助力推波助瀾，這個助力對我而言就是做自己想做的事。西班牙朝聖之路是條誘惑人的路，不僅僅是路上風光的誘惑，還有自我挑戰的誘惑，如果起心動念後因為顧慮太多而放棄，這條路現在不走，大概以後也不會走了。我的一股傻勁，成就了我今天聖雅各路上逍遙自在的旅行，和一段這輩子都無法忘卻的生命記憶。可惜嗎？一點也不。

　　「如果沒走上這條路，我就不會遇見你們、認識你們，這將會是我很大的遺憾。」兩個年輕孩子一臉的感動。

伊米爾、史蒂娜、安東尼、瑞貝卡和我再度會合結伴上路了，安東尼的爸爸老彼得不想走路，和路上認識的朋友亞歷山大搭車前往今天的目的地布哥斯（Burgos）。安東尼路上跟大家說著他當兵的陳年往事，10年前他自願從軍，前往阿富汗擔任運輸兵七個月，隨時都面臨阿富汗塔利班炮火的威脅，每天開車運輸物資都戰戰兢兢，路上深怕一枚火箭砲就這樣打過來。再談起這段經歷，他很慶幸當時做了這樣勇敢的決定，才能留下畢生難忘的回憶。安東尼今年即將邁入而立之年，是舊金山的一名打火英雄，參與了不少加州山林大火的滅火行動，這次他請年休假三個星期來走朝聖路，只能走到萊昂（León）就得和老彼得打道回美，可惜不能跟我們一起走到聖地牙哥康波斯特拉。「我一定會回來，把剩下的三分之一走完，這條路真的太棒了！」安東尼始終爽朗帶著笑容的一張臉，我們都喜歡他。

一行人來到阿塔普爾卡小鎮（Atapuerca）入口，被樹立路上的

　　巨幅看板吸引，在畫著應該是尼安德塔人肖像的上方，寫著「世界文化遺產，人類考古遺址」。原來在小鎮附近阿塔普爾卡山的洞穴中發現了大量早期人類化石，經過考證是歐洲最早的人類化石，可以追溯到100萬年以前到公元紀年這段時期。山洞中的化石為歐洲人類學的研究提供了豐富的資料，對於了解人類遠古祖先的生活具有重要價值。小鎮上有一尊雕像，拿著長矛仰望著天空，瑞貝卡看著解說告訴我們，這個人是80萬年前第一位看到日出的人，我想應該是強調80萬年前這裡已經有人類的活動。

　　或許是考古遺址的關係，之後的2、3公里路面，都是石礫和高低起伏不定的硬石，行走於上必須很小心，避免扭了腳，那就麻煩傷腦筋了。這段石頭路的盡頭又看到一個超大型漣漪狀石頭陣，我們玩興大開，石頭陣中跳進跳出，安東尼拿出他的空拍機

記錄了這一刻，我們在朝聖之路上的友情。真開心，50多歲的大叔在聖雅各這條路上，和2、30歲的年輕人玩在一起，完全忘了年紀。

　　過了橋沿著阿爾蘭松河（río Arlanzón）穿越一座超長似無止盡的綠帶公園，無法想像走出竟然花了將近兩個小時，這裡春紅夏綠秋黃冬白一年四季分明，讓阿爾蘭松河兩岸隨著季節變換容顏與風情。之後在光禿禿錯枝盤結卻有著美麗視覺的奇特路樹迎接下，終於走到了大城布哥斯，我們下榻的庇護所就在大教堂和中心廣場附近，大夥決定梳洗休息後到大教堂和市中心逛逛，晚上準備大吃一頓。

　　布哥斯主教座堂外觀華麗宏偉，無數的細長尖塔形成教堂的特色，讓人過目難忘，根據文獻記載，這座教堂從13世紀蓋到15世紀，足足建了2、300年，也是世界文化遺產之一。教堂中的油畫、金碧輝煌裝飾著華麗雕刻品的唱詩席、陵墓、祭壇和彩色

玻璃窗都散發出獨特的藝術之美，我喜歡參觀教堂倒不是宗教原因，而是教堂裡的寧靜氛圍和藝術氣息吸引著我。午後坐在市中心廣場欣賞著教堂外觀，和朋友喝著啤酒聊著天，享受長路征途後的舒適與愜意，這個瞬間就是我認為的幸福。

　　辭掉高薪來走朝聖路，可惜嗎？一點也不。

質男大叔語錄

就在那個當下，感覺對了，那就是幸福。

DAY 13
緣來真奇妙。
朝聖路就是個大家庭

- -

Burgos to Hornillos del Camino　22.2公里

　　緣分，還真是個奇妙的東西。我們來自不同國家，相隔十萬八千里，在聖雅各朝聖路上相遇，短短幾天建立了像家人一樣的感情。昨晚我們一行六人與戴米恩、湯瑪士和他太太琳恩（Lene）、伊娃、塔里莎不約而同在市中心的「黑手黨（La Mafia）」餐廳不期而遇，他們都是我這一路上最親密的朋友，緣分牽引著我們這一路上不斷地遇見，似乎冥冥中早已通過聲息，不然這麼大的城市怎麼連選擇餐廳都默契十足。等餐期間，老彼得在手機上秀了一段文字給我看，其中一句是：「**我感謝每一位在我生命中照亮我的人（I appreciate every single person in my life who has tried to brighten my days）**」，這是老彼得此刻的心情，他是如此的感性且溫暖，而我也感謝這條路上遇見了他們，也是我生命中的一次照亮。就在酒酣耳熱飯飽準備付帳之際，安東尼不知什麼時候已經買完單，他說：「我們就像家人一樣，這條路上難得的緣分，我請客，大家不要放在心上。」即將而立之年的暖

男一枚。

　　巴西姑娘瑞貝卡昨夜和她在路上認識的巴西朋友們玩到很晚，加上沒睡好，精神不濟，打算在布哥斯多停留一天。她站在大教堂前台階上跟我們揮手道別，說了一句：「你們都是我朝聖路家人（Camino Family）」，感覺她眼中泛淚說著這句話。她呼應安東尼在餐廳說的「家人」聽來如此溫馨，這十天來的一路相伴，互相幫忙，緣分天註定。朝聖路上差一天，我們之間的距離就差2、30公里，我回她：「我的家人，我們會想妳，我們一定還會再見面。」

　　布哥斯的清晨瀰漫著清新寧靜和離別的味道。這城市太大，依舊戒慎恐懼地尋找指引的貝殼和黃色箭頭，深怕迷失在這座大城之中。走到一座很像耶穌的塑像前，老彼得讀著西班牙文，跟

我說這塑像是朝聖之路的守護神，他看顧著朝聖者離開布哥斯這座城市，平安前往聖城聖地牙哥康波斯特拉，並給予指引。

　　出城後的景色雖然天廣地闊一望無際，相對之前的來時路似乎單調了些。無景可戀，就放空自己專注走路，發現走在朝聖路上腦袋空空什麼都不想的感覺也不錯，沒有雜念沒有煩惱。夜裡下過雨，沿路到處是水窪，拿手機拍攝朝聖者的水中倒影，也是一種樂趣。

　　在塔爾達霍斯（Tardajos）小鎮一家吧餐廳休息時遇到匈牙利來

的型男美女夫妻蓋伯（Gàbor）和伊波雅（Ibolya），我們此刻才正式互相自我介紹，和他們夫妻也是一份奇妙的緣分。其實上路第一天伊波雅的緊身花長褲，在朝聖人群的素色穿著中就吸引了大家的目光，因為同時出發，路上經常碰到，剛開始只有我從台灣來、他們從匈牙利來的浮水印象，於是蓋伯一見到我就會很熱情的「台灣」「台灣」這麼叫我，我也禮貌地稱呼他們「匈牙利先生」「匈牙利太太」。蓋伯理著大光頭，但是光的非常俊朗有型，夫妻倆喜歡運動、旅行，從他們維持的姣好體態可見一斑，這次把年假都投注在30多天的朝聖路上，夫妻同行讓人好生羨慕。

我問匈牙利太太「伊波雅」這個名字在匈牙利文中有特別的意思嗎？「花」，她說：「人如其名」，我這麼讚美她。「劉，

你真好，我和蓋伯都很喜歡你，每次打招呼都能從你的笑容中感到真誠。」這句話美國德州來的琳達大姊也說過：「劉，你是我和傑克這一路上看到最快樂、最受歡迎的人，無論什麼時候你總是帶著笑容和大家寒暄。」

我是真的快樂，發自內心的，毫無掩飾，自從走上這條路後。

前進的路上看見一座素樸石砌的小教堂，美麗而溫馨，裡面敬奉的是聖母瑪莉亞。兩位便裝修女親切招呼入內的朝聖者，並且送給每位一枚刻有聖母像的銀掛飾，雖然聽不懂她們口中的西班牙文，但

是感受到她們身上散發的溫暖。我不是任何宗教的信徒，但合掌向聖母祈求這一路平安，並且感謝。

落腳的奧爾尼略斯德爾卡米諾（Hornillos del Camino）是個非常小的村鎮，一條街走到底就走完了，鎮上有四家庇護所，下午3點不到全部客滿，掛出停收

板。我到的時候還有床位，不過分到上鋪，覺得爬上爬下麻煩，問工作人員能否換到下鋪。「不行，你太年輕，下鋪保留給60歲以上的老年人。」「我離60歲不遠了能否換一下？可以給你看我的護照。」無三小路用，但幸運的是，我至少有床位。

相較之下，兩名騎車朝聖之路的比利時夫妻就沒那麼幸運了。他們從大教堂裡養了兩隻雞的聖多明各德拉卡爾薩達一路騎行80公里到達這裡，下午3點半已無床位，和一般朝聖騎士不

同的是，這對夫妻還載了3歲和1歲的兒子，小娃兒天真無邪不認生，非常可愛。比利時先生看起來很年輕，但也40歲了，他打著赤膊在小鎮轉了兩圈，住宿問題依舊沒有著落，他說騎了80公里，他們和孩子都累了，不打算再往下個城鎮騎，最壞打算就是露宿教堂外面的空地。

「帶著兩個孩子騎行這條路很辛苦吧？」比利時先生看著太太餵食小兒子，現在才有時間吃午餐。他娓娓道來這一路吃足了苦頭，為了要運送車子他們從比利時搭船過來，一家暈船，孩子不舒服哭鬧不休，等騎上朝聖之路後，光是照顧兩個小的就已精疲力盡，還得張羅所有的騎行事宜，而且孩子睡覺時間來之後全打亂了，哭鬧完全無法控制，晚上會吵到其他朝聖者的睡眠，讓他們非常抱歉，還好大家都很體諒。

「這麼辛苦為什麼要帶這麼小的孩子來騎這條路？」

「我們是一家人，到哪當然都要在一起。」

為父為母剛強的堅毅和一家人同舟共濟的那顆心，讓我打心底敬佩。也許朝聖之路的守護神和聖母瑪莉亞有所庇佑，老彼得晚上吃飯時告訴我，有家庇護所安排了床位給他們。願他們一家人這一路都平安。

質男大叔語錄

再崎嶇坎坷的路，只要一家人在一起，就會生出力量，一切都值得美好。

DAY 14

溫潤。
朝聖路上我遇見的愛情

Hornillos del Camino to Itero de la Vega　31.8公里

　　韓劇中經常會有男主角蹲下幫女主角繫鞋帶的梗，讓人覺得
溫馨浪漫，這樣的情節在聖雅各朝聖路也大剌剌地上演，只是從
韓版換成了美版，覺得太有趣了。我走過去跟他們打招呼，洋溢
幸福的女孩伊麗安娜（Ileana）從佛羅里達來，幫女友繫好鞋帶
站起來的肯尼（Kenny）聽到我從台灣來後，立馬用帶點香港腔
的中文說「我是紐約人」，我猜他是路上跟香港退休小學校長學
的。他幫女友繫鞋帶的動作太動人，太深情，太體貼，充滿了愛
的粉紅泡泡。

　　他們的愛情，讓我想起這條路上認識的丹麥大叔湯瑪士，其
實他小我10歲，稱呼他大叔，那我就是就是不折不扣的老爹了。
一個星期前在濱河拖雷司的庇護所晚餐時，看見他和他太太琳恩
兩人坐在另一桌用餐，那是第一次見到琳恩，我以為她剛抵達，
來陪湯瑪士一起走這條路，禮貌地歡迎她加入我們的走路行列，
湯瑪士一旁似乎笑得有點尷尬。伊娃餐桌上小聲跟我說：「他們

夫妻是一起來的，但是琳恩不陪湯瑪士走。」

「他太太腿不舒服嗎？」

「不是。他們婚姻有點問題，這次來走這條路，就是在思考要不要繼續下去。」

我沒追問下去。怪不得朝聖路上總見他走得很快，經常脫離我們的隊伍，偶爾遠遠看著他一個人獨行，不知是不是受到暗示，他的身影總讓人覺得孤單而落寞，但人前他又嘻嘻哈哈，特別喜歡跟我開玩笑。前天在布哥斯大教堂前廣場又和湯瑪士巧遇，琳恩就坐在他身旁，他正式介紹琳恩跟我認識，感覺上這次他們夫妻互動比上次熱絡多了，兩人有說有笑，我主動要求幫他們拍合照留念，他看到手機上的相片說很喜歡。

幫他們拍的合照就是我的祝福，祝福他們未來的婚姻關係如同他們照片中的燦爛笑容，能夠重新回到相識相愛的那一天。婚姻和愛情的經營是門大學問，就像黃小琥唱的〈沒那麼簡單〉中的歌詞：「相愛沒有那麼容易，每個人有

他的脾氣」。兩人的關係少點自我、多點站在對方的角度著想，也許就少了摩擦與衝突。想想婚姻裡是什麼讓當初的愛消磨不見了，想想這結髮的緣分要同船共渡多少世，才能修得今世睡在一張床上一起纏綿。

連續走了兩個星期，從來不知道自己這麼能走，已經走完300多公里，每天30,000步到45,000步，感謝我爹娘給了我一雙健腳，至今沒起水泡，沒有腫脹，沒有痠痛，頂多大腿肌肉會覺得癢，像是癢到肌肉纖維裡，那感覺特別奇怪，但是無礙我的繼續行走。一路風景依舊遼闊，走在十里春風中，嗅著完全無污染的大自然氣息，感受著天地間的寂靜，說不出的舒心自在。

在前往卡斯楚赫里斯（Castrojeriz）小鎮的路上，一座高聳的斷垣殘壁出現眼前，朝聖之路正好穿過它的拱門一直往前延伸。標示牌上寫著「聖安東尼修道院廢墟」。「安東尼，這修道院曾經是你的。」我跟安東尼開玩笑，他呵呵地笑著。聖安東尼修道院在12世紀由阿方索七世國王創立，具有醫院的功能，醫治朝聖路上生病的朝聖者。當時這裡出現一種流行病叫做「聖安

東尼之火（St. Anthony's fire）」，病人臉上紅腫，像是被火燒燙
過，後來才知道是吃了被細菌感染的黑麥所引起。14世紀修道院
變成廢墟，不過宏偉的外觀依舊醒目，成了朝聖路進入卡斯楚赫
里斯小鎮的代表性景點，雖然是廢墟，依舊是西班牙重要的文化
財產被保護著。

　　逼近小鎮遠遠地就看見傾圮的卡斯楚赫里斯城堡矗立在山丘
上，除了之前的廢墟外，這座廢棄的城堡也是朝聖路上不能忽視
的一個景點。進入小鎮後，狹窄的巷道夾在土黃色的建築石牆中
一路延伸1,500公尺，小鎮地形狹長，穿梭其中又像是穿越回到了
古代，殊不知這個小鎮曾經是西班牙皇宮和花園的所在地。因為
趕路沒多逗留，倒是離開小鎮前，第一次遇見來自台灣的同胞，
四名阿嬤級的大姊。這條路上遇見台灣人就像遇見親人一樣興
奮，嘰哩呱啦的聊著，70歲的李大姊說她們一行四人中最小的也
50多歲，打算兩個半月走完800公里，當遊山玩水一路慢慢走。
是啊，聖雅各從沒規定每個人幾天要走完法國之路，也沒要求一
定要從頭走到尾，只要衡量體力和腳力，心之所向，走在這條朝

聖路上就是這麼從容愉快。開心聊了十分鐘左右，得先走一步，四位大姊依舊悠哉悠哉要在這座曾經有宮殿花園的小鎮逛逛，說再見時，李大姊從背包拿出她的典藏啤酒硬塞給我，囑咐我一路注意安全，正是「我有一樽酒，欲以贈遠人。願子留斟酌，敘此平生親。」

　　朝著今天的目的地伊特德羅

拉韋加（Itero de la Vega）小鎮前進，就在一段大陡坡之前遇到
智利來的亞歷克斯（Alex）和索蕾（Sole）帶著他們2歲的兒子席
歐（Theo），55歲的亞歷克斯一路背著席歐，索蕾則背著一家的
家當。歐美的父母似乎都把帶著幼小孩子走這一趟路當作再平常
不過的事，然而上坡對年過半百的亞歷克斯背負著甜蜜負擔是吃
力的，他拄著杖背著席歐慢步上坡，覺得這爸爸真偉大。看著他
自忖，如果知道上下坡如此頻繁，我會在這個年紀帶著2歲孩子
踏上這條路嗎？能處理隨時可能哭鬧的孩子嗎？今天的坡度真的
又陡又長，智利爸爸和媽媽臉上一直堆著笑容，並不時逗弄著席

歐，孩子也乖，行進間沒吵沒鬧。這樣一家人的朝聖之路，真美。

　　索蕾跟我說這是她第二次走朝聖法國之路。「第一次也是一家人嗎？」「我和我前男友，別讓他聽到。」她玩笑似地故作小聲，亞歷克斯聽得一清二楚。索蕾的前一段感情曾是她的傷痛，她深愛著前男友，付出了所有，結果前男友劈腿拋棄了她，一度讓她不再相信愛情，直到亞歷克斯出現，成熟體貼和愛再度打動了她。他們雖有了席歐，至今都還沒結婚，她說只要亞歷克斯對她和孩子好就好，一紙證書不是那麼重要。走完這條路，他們打算在西班牙留下來找工作過日子，只要一家人在一起就好，不管在哪裡，哪裡就是他們的家。

　　我吐著大氣攻上坡頂，亞歷克斯臉上卻是帶著微笑，逗弄著背上的席歐。總是勞其筋骨空乏其身之後，眼前豁然開朗，看見風景中的不平凡，看見生命裡的不容易。要有信念，山窮水盡之後就會柳暗花明。

質男大叔語錄

在愛情和婚姻裡，多點溝通、多點體諒、多點支持、多點感謝，珍惜這一路的點滴與不易，再大的風雨都會過去的。

DAY 15
人生無懼。
何必給自己設下終點

Itero de la Vega to Villalcázar de Sirga　26.5公里

　　起風的日子，天空的雲都特別的多且厚，這是走上聖雅各朝聖路後發現的大自然定律，空曠的山路相對特別冷。迎著晨曦展開今天行走的旅程，天光灑落，綠油油的小麥田像是披了一件薄

透的金紗，亮晃晃地隨風擺動。

　　身體似乎出了點小狀況，才出發沒多久就渾身不對勁，愈走愈累，背包愈走愈沉，不會生病了吧？我有點擔心，前村已離後不著店，可別中招。不過這個狀況也有可能是前幾天安東尼在路上提到的個人論點，在「身體行走（physical walk）」之後會進入到「心理行走（mental walk）」的階段，他的解釋是，等身體適應接受每天持續的疲累而不覺得累後，你的腦袋就會釋放出疲乏的訊息影響身體，即使還沒開始累，它都會不斷強調「你累了」，讓你真以為很疲累，特別是走在筆直看起來沒有終點的路上。我此刻的狀況誠如安東尼所言，是一場大腦和身體聯手與意志力的角逐賽嗎？無論如何，我站在意志力這邊，堅強地告訴自

己「革命尚未成功，同志仍須努力」，我不想跟老彼得學習，三不五時搭個車，這800公里爬也要爬完。

　　沿著卡斯蒂利亞運河（Canal de Castilla）一路前行，綠水春波映小橋，多少降低一些我對身體不舒服的注意力。卡斯蒂利亞運河全長207公里，從18世紀開始建造，當時聰明的人們為了把內陸的糧食運往海邊，想出修建一條運河的主意，沒想到一建就是100年。20世紀有了鐵路，卡斯蒂利亞地區小麥運送不再靠水路，運河功成身退，之後只用於農作，灌溉西班牙北部48座城市的農田；春夏之際花木扶疏，鳥類種類繁多，愛好遠足和旅行的遊客被這裡的自然和歷史文化景觀所吸引，因此也成了旅遊景點。路邊的石書雕塑，摘錄著運河的歷史。

　　撐走了8公里來到博阿迪利亞德爾卡米諾（Boadilla del Camino）小鎮，已是出發三個半小時之後的事，顯然身體狀況影響了速度，伊米爾和史蒂娜一路陪著，只有關懷沒有抱怨。我們在這個小鎮吃完早餐稍事休息後，我像是卡通裡鳥人（Birdman）飛上雲霄接受陽光加持，精神體力全都恢復了，原來是太早出門沒吃早餐的緣故，這條路此刻嚴正警告我，「吃飽了再上」。

　　在小型超市補充了西班牙「蠻牛」和巧克力，以備不時之需。超市門口遇到一位德國年輕單車騎士馬格努斯（Magnus），他比蠻牛還猛，從瑞士一路騎過來，每天騎50到80公里，計劃騎行五個月，朝聖之路結束後繼續往葡萄牙前進。「騎自行車流浪歐洲所為何來？」「磨練自己，證明我可以做到。」馬格努斯拿之前工作存的錢當盤纏，五個月不是短時間，顯然他是辭掉了工作，流浪的日子勢必得勒緊褲腰帶省著花。「你的終點？」「騎到哪算到哪，沒有終點，就五個月。」說的也是，人生何必給自己設下終點，總是會到達的。年輕無懼，真好！

　　精神體力來了，無慮一身輕，連心情都跟著好起來。風很大，天空的雲像是棉絮被吹得滿天招展綿延，每天的視覺都有不同型態的遼闊，看得自己也跟著一起遼闊，以前很多的有所謂，此刻都可以無所謂，如果朝聖路沒有終點可以不停地走，我願意這樣一直走下去。這是此行一個很大的收穫，可以在這條路上看到的不同凡響裡，重新定位自己。

　　經過比利亞爾門特羅德坎波斯（villarmentero de Campos）小鎮，這個小鎮真的非常小，谷哥大神告訴我，它的面積只有8平方公里，總人口15人，這裡每天走過的朝聖者都要比小鎮的人口多。小鎮庇護所大草坪上放養了兩頭驢，我們因為牠們停下腳

步，順便休息喝點飲料。這兩頭驢不認生也不怕人，總是挨著人一桌一桌要吃的，麻吉地好像來這裡坐下的人都是牠們的主人。看著牠們，口中不由自主哼起「我有一隻小毛驢，從來也不騎，有一天我心血來潮，騎著去趕集⋯⋯」

不用趕集，但是得趕路了，離下榻的比利亞爾卡薩爾德西爾加（Villalcázar de Sirga）小鎮還有4公里，再對這兩頭驢戀戀不捨、忘情逗留，今晚床位恐怕不保。

質男大叔語錄

長途跋涉，早餐很重要，早餐很重要，早餐很重要。

DAY 16
朝聖路上的修行。
何須為空而空

Villalcázar de Sirga to Ledigos　28.0公里

　　心經講空，空中無色，無受想行識，無眼耳鼻舌身意，無色聲香味觸法。五蘊、六根、六塵，在朝聖的路上，我完全空不出來，這是很諷刺的一件事，因為行走間，每天最浸潤享受的，就是這些了。不過接受不空應該離空也不遠了，何必為了空而空，不空而空，不也是一種修練。之前眼睛看到的，嘴吧吃到的，身體感受的，這條路都給了我深刻的記憶，今天嗅覺和聽覺也靈敏了。

　　在陽光普照卻冰冷的空氣中，沿路散發著混和青草的泥土清香，偶爾飄來牛糞或積肥的濃烈臭氣，捏不捏鼻而過，端看個人對氣味的耐受度。平時我對一點點的惡臭都無法忍受，可以閉氣憋它個一分半鐘不呼吸，利用那90秒迅速逃離惡臭現場，今天不做掙扎融入其中跟它沉瀣一氣，因為這不是幾分鐘就能出逃惡臭範圍的事。孔子說：「入鮑魚之肆，久而不聞其臭」，是他老人家很有經驗悟出的寶貴道理，不過聞了薰天臭氣買了鮑魚至少還

有鮮食可啖，牛糞堆肥，「唉」長嘆一聲。邊走邊安撫自己，很快就會習慣這氣味，跟自然界中五瘴六氣和諧相處，也是難得經驗。

　　相對於嗅覺，聽覺可就是一大享受，林木間鶯鳴雀和，鳥叫聲不絕於途，至於是什麼鳥我不清楚，完全分辨不出嘰嘰啾啾來自哪種鳥。不過，有種鳥叫聲我猜得到，漸歇地「布穀布穀」啼叫著，深沉空靈迴盪在遠處的林樹間，應該是布穀鳥吧！唐朝詩人愛把布穀鳥的啼聲寫在詩中，像是李白《蜀道難》的「又聞

子規啼夜月，愁空山。」杜甫《子規》的「兩邊山木合，終日子
規啼。」李商隱《錦瑟》的「莊生曉夢迷蝴蝶，望帝春心托杜
鵑。」布穀鳥在哪？布穀鳥就是子規、杜鵑。

從卡里翁德洛斯孔德斯（Carrión de los Condes）小鎮到卡札
迪亞德拉貴札（Calzadilla de la Cueza）小鎮接下來的17公里，一
路上沒有任何吃喝點，有了昨天不舒服的經驗引以為戒，一早飽
餐一頓才上路。17公里的碎石路夾在綠色麥田間，宛如泛黃的白
綢往天的盡頭延伸，走久了就嫌單調缺少變化，估算四、五個小
時看到的都是一成不變的景色。這一天溫度變化也大，從清晨6
點鐘的2度，隨著時間一路升高到中午的22度，差不多就是這17
公里的溫差變化。這段路考驗著大家的耐力。

當房舍再度出現視線中，彷彿沙漠裡看見綠洲般的謝天謝
地，那股撐到底的意志力終於完成了17公里不停歇行走在景色麻
木中的考驗。此刻不只我，所有走在這條路上的行者看到吧餐廳
像是找到了救贖，在冰啤酒、冰柳橙汁和麵包點心中獲得釋放，
熱絡的交談聲打破之前一路的靜默不語。

不同的時間空間認識新的朋友，這是聖雅各在路上每天為大
家安排的固定戲碼，在簡單互報姓名和來自哪個國家後，最常聽
到的問題幾乎都是「你為什麼來走朝聖之路？」這問題似乎很快
就能讓初識的人熱絡起來，然後更進一步交談下去。我都是這麼

回答：「因為看了兩部關於朝聖之路的電影，這條路深深吸引了我，並召喚著我，所以我來了。」走在這條路上，回答這個問題不用把祖宗十八代都搬出來，簡單就好，沒人會那麼在意你的故事，你自己也毋須複雜化原因，單純走路就好，把自己放在什麼都沒有的空境當中。

　　不過踏上這條路有一點我想說的是，凡事起心動念後，就趕快去做，別瞻前顧後，藉口會讓自己錯過生命中很多美好的相遇。也許我們都太習慣於現有的一切，不願變動，害怕變動後的不可知與新挑戰，尤其年紀大了、老了以後。但也因為如此，潛意識中讓自己忘了生命中還有其他更多的可能，而不願意再去嘗試，不去探索，年紀愈大，愈是沒了初生之犢　往直前的勇氣。這是為什麼我辭掉了不錯的工作，走上朝聖之路的一個重要的動力。我想在剩下的餘命中，勇敢地做自己想做的事，留下一個永遠都不會後悔、不會忘記的回憶。

質男大叔語錄

沒有走不完的路，也沒有過不了的關，就怕意志消磨殆盡，中途停了下來。

DAY 17
幸福劇本。
看著羊群排隊過大街

Ledigos to Bercianos del Real Camino　26.5公里

　　我對收睡袋這件事有點排斥，因為形狀上寬下窄不規則，每次都花不少時間，所以當庇護所提供毛毯，當晚我會偷懶不用睡袋。懶人的下場就是身體受罪，可能夜裡溫度低，三番兩次被冷醒，同寢室友的鼾聲不小，再入睡耗了不少時間，一早起來人就暈沉沉的，不知是沒睡好，還是著涼了。每天2、30公里的長途跋涉，任何跟身體狀況有關的細節都馬虎不得，這幾天接二連三身體抗議發出警訊，算是得到了教訓。

　　太陽高掛，但是一路上冷風強勁，強到把天上厚重的雲吹散了似的東倒西歪。我想到伊索寓言「太陽和北風」的故事，問伊米爾和史蒂娜有沒有聽過，他們搖頭，於是簡單地說了大概的內容，問他們如果現在太陽和北風比賽看誰能讓我

們脫下外套，覺得誰會贏？伊米爾不假思索回答：「太陽」「你
沒脫下外套，而且裹得緊緊的，不是嗎？」「太陽底下再走一
走，等下就會脫了。」但是今天的太陽像是假的，直到結束這一
天的路程，我的羽絨衣和外套都沒脫下過。不停的呼嘯聲從耳畔
刷過，雖不至於寸步難行，但是迎著風眼睛吹得會流淚，大家戴
上連身帽低下頭頂著強風破風而行，遇到逆境，學會低頭，困難
也就迎刃而解了。

　　路邊孤零零豎立的一塊看板上寫著蘇格拉底的悖論：「我知
道自己一無所知（I know that I know nothing）」，朝聖路上看到

這樣的哲思看板增加了一點樂趣，我們沒討論蘇格拉底，而是對下面一句：「但第二家酒吧清涼有勁（but the 2nd Bar is cool）」好奇迷惑，蘇格拉底應該沒講過，兩句話之間有什麼關聯？看板下方掛了一束康乃馨應景，祝福經過的媽媽們母親節快樂。等到走進莫拉蒂諾斯（Moratinos）小鎮看到下一塊看板，一時間明白起來，原來是吸引朝聖者的廣告，The 2nd Bar只是朝聖路上的一家吧餐廳。趕路，沒時間進去清涼有勁，就此別過。

　　或許走了17天，已經習慣路上的風景，遼闊的麥田再也勾引不出視覺美好的讚嘆，史蒂娜說今天的路依舊單調，不過她會補

上一句：「我們得接受它。」那是路上我跟她說的，生命中不管好的還是不好的，都要學著接受它，因為那就是你的人生，平心靜氣沒有抱怨，自然一切美好。我想她應該記在心裡了。

　　接受並感謝一切的發生，就會伴隨著意想不到的好事出現。

　　史蒂娜才說完單調沒多久，奇景就出現在我們眼前，而且有趣極了。一大群羊井然有序地過馬路，牧羊人指揮若定，牧羊犬像糾察般跑來跑去前後巡視、吠叫，來往的車子全都停下來耐心等待，這壯觀的一幕好像只有在電視電影裡看過，現實人生經歷，那種臨場感特別讓人興奮。來之前曾夢過白鬍子的牧羊人向

我招手，認為是決定走朝聖之路和看完小說「牧羊少年奇幻之旅」後的暗示，然而17天裡看到兩次牧羊人和他們的狗與羊群，那個夢真是巧合嗎？今天看到牧羊人、牧羊犬趕著羊群穿越公路，這樣的景象早10分鐘或晚10分鐘經過，都會錯過這視覺上美好的一刻。在牧羊人的吆喝下，羊群緩步移動被趕上小坡地，牧羊人的日常，卻是我們這群城市人難得一見的驚艷。

巴西女郎黛比（Debby）右半邊臉的彩色十字刺青也讓人驚艷，很特別，覺得她身上像是帶有靈媒般的神祕氣息，實際上她個性爽朗，充滿了熱情，十足十的巴西熱女郎。途中在一大叢心型紫丁香前再度遇上，她說花好美拉著我合照，我問她介不介意讓我拍張她臉上的刺青特寫，她欣然同意。「為什麼刺青在臉上，有特殊意義嗎？」「沒有什麼特殊意義，就是年輕時愛玩愛現。」黛比比我大兩歲，今年57歲，還在葡萄牙的一所大學修關於建築遺產史和文化的碩士學位，她覺得這些建築遺產是人類史上很棒的記憶。「這一路應該有很

多老建築可看，妳應該收穫不少。」「這是我來走這條路的原因之一，沿路看到的一些老建築真是太棒了，我都有記錄下來。」我跟她說中國人有句話：「活到老，學到老」，也就是英文諺語的 "Live and learn." 「你覺得我老嗎？」「不老不老，妳很年輕，特別是妳的學習精神。」一路上黛比洋腔洋調學著說：「活到老學到老」，增添了不少趣味。

　　今天的黃昏很美，視野盡頭一字展開厚重的雲層邊緣像是鑲了金線，站在透冷的風中看著這一幕，走完這一天覺得都值了，想到《派特的幸福劇本》英文書名就是《Silver Linings》，原本指的就是鑲了金邊的雲。聖雅各的朝聖路不會特別為你準備什麼，有什麼是什麼，必須自己去觀視去感受，變成自己的記憶。鑲著金邊的雲沒入夜色消失不見了，但剛剛的那一瞬卻註記著朝聖路上我的幸福劇本。

質男大叔語錄

知道太多，容易產生爭執，執在其中，就難放下；一無所知，活得謙卑自在些，也少了紛擾。

DAY 18
左上右下。
朝聖路擁抱心貼心

Bercianos del Real Camino to Mansilla de las Mulas　26.6公里

　　昨晚在貝爾西亞諾斯德爾雷亞爾卡米諾（Bercianos del Real Camino）是一次熱情而美好的停留。走進下榻的庇護所，鵝黃的牆面讓人感到溫暖，牆上掛著朝聖者的照片，工作人員和藹地跟我們要證件登記入住，桌面玻璃下押著各國的紙鈔，接待空間不大，但處處有巧思。

　　梳洗後晚餐前的時間，大家在小廳裡自由取用飲料互相認識隨意交流。這裡包辦晚餐連同住宿都採自由樂捐，這一晚的晚餐主食是雞心豆燉豬肉，搭配法國麵包和紅酒，簡單卻讓人飽足。用餐前有個特別的拍桌儀式，熱絡了現場氣氛，帶動唱工作人員教大家拍打桌面，簡單的旋律搭配著他的西班牙文饒舌歌，像是救國團的小型團康。拍桌饒舌帶動唱之後，這位團康大叔點名比利時來的伊弗（Ives）上台示範朝聖之路的擁抱。一般人擁抱都是右臂在上左臂在下，但是朝聖路上的擁抱剛好相反，團康大叔解釋左臂在上右臂在下，可以心貼著心（heart to heart）感受彼

此。他一再叮嚀，下次在朝聖路上跟人擁抱，別忘了心貼心。

　　示範擁抱動作的伊弗，長得有點像台灣當年影視小生林瑞陽。他跟我們聊天時說他有三個兒子，來走朝聖之路老婆不太高興。「因為自己出來旅行，把三個兒子留給老婆照顧嗎？」「或許吧！」他臉上堆著笑，很好看，也像明星般。「我一個人來走，我老婆可高興了，因為她終於自由了。」我開玩笑，在場聽到的人都笑了出來。伊弗43歲，有兩份工作，一個自己當老闆，另一個給人當伙計，他覺得工作佔據了他所有的時間，疲乏不堪，所以休個長假，用一個月的時間來走這條路，休息同時順便思索自己的人生。聖雅各為大家鋪陳了一條思考人生的漫漫朝聖

路，不曉得是不是也在祂的算計當中。

　　做了一個夢，內容記不得了，只是夢結束時，人跟著醒了，手機顯示半夜4點鐘，突然一個念頭襲來，走了400多公里的路，至今還沒看過朝聖路上的星空，這條通往星野之城的聖路，星空不是最美的指引嗎？蹭出睡袋，穿上羽絨衣和防風外套，輕手輕腳走出庇護所，在凍人的冷空氣中打著哆嗦仰著脖子看夜空，滿天繁星燦燦閃爍，在這空曠沒有林立高樓遮擋的小鎮鄉下，密佈的星星多到無法勝數，視覺真是震撼，城市裡根本看不到這樣的天象。看過有朝聖者拍到這條路上的銀河照片，今夜會不會看到呢？360度轉了一圈，可遇不可求，想著它就不來，不過從星空中認出北斗七星，看它們排列如同杓子閃閃發亮，也是滿心歡

喜。可惜手機拍不出來，無法分享浩瀚穹蒼滿天星斗的壯闊。

　　今天走到埃爾武爾戈拉內羅（El Burgo Ranero）小鎮，遇到兩位30歲不到的韓國年輕人，一個休學，一個辭掉工作，除了宗教因素外，休學的具永桓說他在15歲看了朝聖之路的相關書籍後，走朝聖之路就成了他的夢想。「書讀不下去，乾脆休息一陣子，先把這個夢想完成。」至於即將而立之年的黃珍東，原本在首爾一家加盟連鎖店輔導加盟業者，工作早出晚歸，從早上7：30上班，晚上10：00下班，然後還要應酬喝酒到半夜2、3點，日復一日天天如此這樣做了兩年，連週末休假都不斷要接電話。

　　「太累受不了，2月辭了工作，先領四個月失業救濟金再說，當作旅行的盤纏。」

　　問他韓國失業救濟金多少？他拿出手機上的計算機算了算，「每個月大約可以領到1,500美元。」這失業救濟金的金額會讓很多台灣年輕人羨慕吧！我笑著跟他說，我也是辭掉工作，我們都很勇敢，Fighting！後來在吧餐廳看到黃珍東吃著拉麵，我以為他從韓國帶來，請店家幫忙煮的，他指指牆上的菜單，竟然有韓文寫著辛拉麵，眼睛一亮立刻跟進叫了一碗。這家吧餐廳太有生意頭腦，懂得做韓國人的生意，由此也可見韓國人在這條朝聖路的勢力有多龐大。

　　5月中的西班牙北部沒想到依舊那麼冷，清晨出發的體感溫度竟然零下一度，一路上外套裹得緊緊的，圍脖也權充口罩護著臉，氣候變異的有點不可思議。不過天空的雲鋪陳的依舊那麼美，定格停在那兒等待我們去捕捉，為漫漫長路增添了顏色。天寬地闊，歲月靜好，無甚雜念地徜徉其間，心平靜了，自己所處的一方就是天堂。

　　背包繼續托運，讓身體再休息輕鬆一天，選了家最便宜的，

出乎意料的是沒送到下榻的庇護所，之前的托運服務都是把費用
放進信封，填好托送地點和資料就好，沒注意這家信封上註明得
打電話告知才會來取件。到了庇護所請工作人員打電話麻煩托運
公司運送，這家公司堅持得前一天打電話，說不送就不送，最後
沒辦法花了六倍的價錢25歐元請計程車專程取送，不然連換洗的
衣服都沒有。朝聖路上托運也有眉角，算是花錢上了一課。

質男大叔語錄

別被工作綁架得動彈不得，累了，就放自己一個長假，出
去走走，給自己留些空隙呼吸，這時才會發現，「原來我
還活著」。

DAY 19
炫彩之光。
雷昂教堂魔幻般雕花玻璃

Mansilla de las Mulas to León　20.8公里

　　截至目前為止，覺得這一路是受到眷顧、幸運的，出發前讀過來人分享的文章，當初擔心的腳底起水泡、感冒發燒、被床蝨咬、走在滂沱大雨中，完全沒有發生在我身上。一早，天空陰沉飄著毛毛細雨，空氣中瀰漫著溼冷的味道，帶來的雨衣終於派上用場，但罩得是背包不是我。

　　路上看到兩位60多歲法國來的老太太坐在石墩上休息，想起伊米爾之前跟我說遇到兩名美國老太太的事。她們背著不算大的背包，拄著登山杖，裝束跟大家沒兩樣，但是其中一位老太太問了他和史蒂娜一個問題：「明明可以坐車到聖地牙哥康波斯特拉，你們為什麼要一路都用走的？我們等下就要搭車離開了。」「因為這條路就是要用走的才有趣，祝妳們一路順風。」伊米爾客氣地回答，但他覺得這兩位美國老太太來朝聖之路只是附庸風雅。對她們而言，朝聖之路只是旅遊景點，走走體驗一下就好，何必那麼辛苦從頭到尾走路到聖城，但是對背著沉重背包的我們

來說，用走的才能感受和體會這趟旅行的不同意義，而生命的乘載與重量，也只有走在這條路上，才會清楚知道。「老太太高興就好，你幹嘛那麼在意？」「我只是覺得來到這條路上不用走的，有點奇怪。」年輕人朝聖路上的堅持。其實偶有累到不想走的時候，我也會興起那麼一丁點何不坐車的念頭，只是很快就打消了。

烏雲消散，天氣終於放晴，離今天落腳的大城雷昂（León）大約還有5公里的坡路前，空拍機在空中盤旋，一名背著專業攝影機的外國大叔正在操作空拍機的遙控器。「你帶著空拍機和攝影機走這條路，不會覺得重嗎？」「還好，我兒子會幫忙，這是我吃飯的傢伙。」自從被肩上的背包重量折磨過，對於有人還帶著空拍機、攝影機上路，打心底佩服他的負重耐力。這位大叔來自英國名叫伊恩

（Ian），是位獨立製片兼攝影，他接受委託正在拍攝一個家族旅行看待人生意義的紀錄片，朝聖之路只是其中一段，他帶著兒子芬恩（Finn）一起工作，芬恩充當他的隨行助手，一路上這年輕的孩子笑聲不斷，跟誰都能哈拉起來。這條路上形形色色的故事不時出現，朝聖路一個家族旅行的紀錄片，真是有心也有趣。

　　進入雷昂，大城的人氣比幽靜的小鎮熱鬧多了，商店餐廳櫛比鱗次的城區老街和現代建築林立的市中心彷彿兩個世界，不經意就穿越了幾個世紀回到過去。不管是朝聖行者還是觀光遊客來到雷昂，都會湧入這條老街，尋找這一天的悠閒自在，逍遙慢活其中，最後漫步到老街盡頭參觀聖瑪麗亞主教座堂（Santa María de León Cathedral），尋找自己心靈的寄託。

　　聖瑪麗亞主教座堂是一座哥德式建築的白色教堂，高聳的塔尖和拱壁外觀透著聖潔莊嚴的美，殊不知它的所在位置曾經是古羅馬浴場的遺址，這個13世紀的藝術傑作，不僅是西班牙的文化遺產，也是雷昂這座城市的精神象徵。這座教堂驚人的內部設計更是為人津津樂道，每年都吸引了大批遊客前往參觀，1,800平方米的彩色雕花玻璃環繞教堂四周散發著柔美的光彩，陽光從外射

進的光影變化，如同炫彩的魔幻般，置身其中，除了讚嘆還是讚嘆。這裡不只是信仰的依託，更是藝術的極致。

教堂外的廣場有朝聖者隨興或坐或臥，小孩大人踢著足球玩鬧，一尊父子的雕像矗立在廣場上看著白色教堂，這樣的人生風景一刻，天地靜好。我在餐廳的戶外餐桌點了一杯冰啤酒，安靜地看著教堂和廣場上的一切，停格在時間和人潮的流動中。

✏ 質男大叔語錄

走路就是當下，專注了腳步，那個瞬間或那一刻，就會覺得是快樂的。

DAY 20
遇見高第。
停留雷昂的意外驚喜

- -

León

　　原先每天走路前往聖城的計劃做了調整與改變，今天停下腳步不再前往下一個小鎮，在雷昂休息一天自在慢活，然後在這裡跟朝聖路上的家人（Camino family）老彼得和小安東尼說再見，另外，還有一個意外的任務，就是拿回遺落在潘普洛納的皮夾。

　　從下榻的小旅館到巴西姑娘瑞貝卡提供給我的郵局地址來回將近7、8公里，春天的紫藤花沿路盛放，微風迎面空氣裡透著淡淡香氣。透過Google 導航，導至地址所在，卻是住家大樓，沒看到郵局。左顧右盼，怎一個茫然了得，好像被開了個玩笑一樣。沿著大樓，看到一家家具店硬著頭皮走進去，女店員從裡面辦公室微笑地走出來，我在手機Google翻譯打出翻成西班牙文的「請問這個郵局在哪？」並秀出地址。女店員看了地址指著她剛剛走出來的辦公室窗戶示意，郵局就在家具店後方位置。道謝後走出家具店，驀然發現隔壁好像就是郵局，心想店員為何不直接跟我說郵局在隔壁就好。

　　一波三折，進了郵局卻找不到包裹貨號，東查西找，郵局人員看著我秀出的地址和局名後會心一笑，「不是我們這家，是另外一家，出去往左走，轉角左轉就會看到了。」終於明白家具店員為何指著後窗位置，不過西班牙的郵局也真有趣，外觀完全沒有印象中郵局的樣子，沒有任何足以辨識的標誌，門口也沒有郵筒。

　　填完資料付了運費，拿到皮夾那一刻，失而復得的喜悅洋溢臉上。

　　回到旅館已是中午，距離傍晚和老彼得、小安東尼約在聖瑪麗亞教堂碰面的時間還早，決定先去參觀老街旁廣場上一棟風格獨具的建築，波提內之家（Casa de los Botines）。這是一次意外的相遇與驚喜，壓根沒料到雷昂會有高第的作品，尤其第一眼看到方方正正的建築完全無法和他師法大自然的不規則曲線設計風格聯想在一起，但是高第就是高第，即便是這棟中規中矩的作品都與眾不同，光是外觀石頭堆砌的牆面和拱頂就讓波提內之家在老城區中獨樹一幟。

　　高第在巴塞隆納以外的建築設計只有三座，雷昂就有兩座。廣場上坐在椅子上的高地銅像也成為熱門地標，遊客喜歡坐在他

身旁一起欣賞著他的作品。波提內之家的門楣上嵌著聖喬治屠
龍的雕像，但怎麼看屠的都是一隻鱷魚。另外整棟建築總共開
了365扇窗，象徵一年365天，如果沒花12歐元進去聽工作人員導
覽，高第設計細節的奇趣也就無從得知。波提內之家是一位紡織
業大亨卡洛斯奎爾（Carlos Guell）委託高第設計的住宅及商業兼
顧的住辦混合大樓，西元1893年正式啟用，後來輾轉又被銀行收
購。這座外觀像是中世紀城堡的建築物，最後成了高第在雷昂的
建築紀念館。雖然是住宅和商用樓，內部設計的細節依舊讓人驚
歎，不論是天井的採光設計、雕花玻璃，大面窗枱、門的巧思，
還是閣樓設計，大師風格無人能及。

　　到了約定時間，我的朝聖路家人在聖瑪麗亞教堂前又合體
了，一直陪著老彼得走路、搭車的亞歷山大也加入送別的行列，
雖然只有兩天沒見，大家熱情擁抱，寒暄著路上種種，我們知
道離別已經不遠了。在教堂附近餐廳前的雷昂代表性銅雕字L。

E。Ó。N前,我們留下合影,紀念雷昂再相見的這一刻。

昨天晚餐在老街巷子裡一家很有風格的餐廳（Restaurante El Tizón）用餐,大推西班牙海鮮燉飯和Blue Rare牛排,一行人在我的建議下在這家餐廳共進最後的晚餐,杯觥交錯,都很盡興。「感覺才剛走這條朝聖路,怎麼這麼快我們就要結束這段旅程了?」安東尼有點不捨,有點感傷,想想這一路的緣分真是奇妙,從陌生不識到相遇同行最後變成朝聖路家人,短短的20天。「我們的感情不散,有一天還會再見的。」「記得來舊金山,一定要來找我。」當然,這感情怎麼散得了。最後我買了單,

因為捨不得這樣的緣分，這是我唯一的感情表達，感謝這路上見到了他們，順便替老彼得提前慶生，他生日跟我只差一天，結婚紀念日跟我生日同一天。

　　晚風徐徐，透著離別的氣息，再見了，老彼得和小安東尼，找的朝聖路家人，祝願今晚一夜好眠，明日一路順風與平安。

質男大叔語錄

天下沒有不散的筵席，這句話在這分手前夕感受特別深刻，但是我相信緣分的交會，離別會是再見的開始。

DAY 21

珍惜。
世間所有的相遇
都是久別重逢

León to San Martín del Camino　25.4公里

　　再見，雷昂。

　　或許我不會再來到這座城市，但是安東尼説，下次要從這裡
接續他未完的朝聖之路。離開雷昂的路上，經過外牆豪華雕飾長
達100多公尺的聖馬可仕修道院，曾經這裡是朝聖者的庇護所，
如今已經變身為國營旅店，一晚要價不斐。在修道院前的廣場上
有座十字架，十字架下坐著脱掉鞋子閉目休息的朝聖者雕像，就
是聖雅各路上的寫照。

　　清晨7點多的陽光灑在伯內斯加河（río Bernesga）水面，金
光燦燦地迎接這一天的開始，史蒂娜笑説希望過了橋就出了城，
朝聖行者的大城市心理障礙，不管進還是出都一樣。其實走在雷
昂這座大城，沿路還是有可觀之處，留點心就會看到細緻美好。

光影中的一大面大石塊拼貼的牆上，鑲嵌一道雕塑裝飾的雅致銅
門，中世紀氣息中帶有現代感，我和瑞貝卡猜了半天門後面是什
麼。走到這面牆的盡頭右望，赫然看見教堂的大門，教堂外觀的
巨大雕塑十足震撼，讓人驚嘆。教堂內挑高空曠，播放著柔和的
唱誦詩歌，轉身抬頭望向契合外觀雕塑的彩繪玻璃，像是畫龍點
睛般讓這教堂更添靈韻。教堂奉拜的是聖女卡米諾，她是雷昂和
潘普洛納這兩座城市的守護神。教堂辦公室裡掛著耶穌受難的雕
像，在祂的見證下，我的朝聖護照蓋下一枚印戳。

　　出城之後，一路沿著公路前行，看過草原的壯闊與色彩，
公路一成不變的直線與灰階，就顯得單調了點。不過旅程中的風
景都是自己定義的，記錄在心裡或是手機裡的那一瞬，天空的飛

機、路邊的豪宅、圈養水泥圍牆內一臉悲淒的黑眼圈羊、地面的標示指引、善心的茶水攤都將成為這條路上可以不斷咀嚼的回憶。就是這樣的一條路，可以讓你隨心所欲重新定位看待這個世界的價值，也許對別人微不足道，對我卻無比重要，因為它們在我生命中留下了行旅的痕跡。

手機跳出老彼得在我臉書上留言的通知，他和安東尼正在前往雷昂機場搭機的路上。「很高興遇見你們，你們讓我想成為一個更好的人，我會永遠珍藏我們朝聖路上相聚的時光，願你們的未來像這段被祝福的友誼一樣美好。」讀完留言，莫名的溫暖與感動。

這樣的遇見，這樣的因緣，讓我想到大陸作家白落梅寫的「世間所有的相遇都是久別重逢」，這段具有禪意的文字，王家衛在電影《一代宗師》中也曾引用，於是我借用電影中的英文翻譯回覆老彼得："All encounters in life are reunions after long times apart." 這是多麼美好的奇異恩典，讓我們在西班牙聖雅各朝聖路上重逢，前世未竟的緣分今世再續，來了，好好珍惜，走了，也

毋須執著，不用傷懷，它一定還會再來。

離落腳的小鎮聖馬丁德卡米諾（San Martín del Camino）不到5公里的路上聽見開懷的嬉笑聲，一對中年夫妻帶著三名年輕孩子走在我的正前方，陽光亮晃晃地灑落林間，我上前跟他們打招呼，開朗的孩子們很有禮貌地回禮。他們是來自澳大利亞的拉里喬治卡波內（Lali George Kaponay）一家人，48歲的拉里喬治說他們一家喜歡旅行經驗人生，7年來都在國外旅行，這期間只回過澳大利亞一次。他的雙胞胎兒女如今都16歲，另一位是他們的鄰居孩子，一家人對這樣的旅行人生樂此不疲。

「孩子不上學嗎？」我好奇問拉里喬治。

「在澳洲是可以申請在家教育（Homeschool）的，透過旅行他們從中不斷地接觸人群，也不斷地學習和面對生命的課題。」

拉里喬治覺得行萬里路勝讀萬卷書，比課堂上所學更實際更有意義，這旅行的7年間他們一家人在世界各地停留，每次都是好幾個月，孩子透過圖書館、網路大量閱讀，學習一點都不是問題。他們一家人省吃儉用，一年平均花費一萬六到兩萬美元，

靠著打工換宿兼賺取生活費，以及兒子替人規劃旅程換得一些費用，女兒也很厲害，12歲寫了一本書，目前有英文和匈牙利版本上市。這樣的一家人旅行人生，看見滿滿包覆的愛，怎不讓人佩服與羨慕。

　　朝聖路上最美的風景，是人。每一個人的背包裡，可能都裝著一個屬於他／她／他們精彩的故事。

質男大叔語錄

佛說，五百年的修煉才換來今生的擦肩。朝聖路上的相遇與並肩而行，應該修了很多個五百年。

DAY 22
折翼天使。
達比先生的救贖與重生

San Martín del Camino to Astorga　24.0公里

　　伊米爾的腳底起了水泡，我要他別戳破，拿出針線教他穿過水泡，然後把線留在水泡中，貼上OK繃，等水泡裡的水順著線流出，第二天就會沒事了。這是我從網路上學到處理水泡的撇步。

　　我沒有水泡的折騰，不過昨晚右小腿脛骨出現僵痛的癥狀，塗抹了瑞貝卡的藥膏，夜裡疼痛磨人，睡睡醒醒，起床後也沒有緩解，一路上都在隱隱作痛，但還不到痛到不能走的程度，可是明顯走不快了。之前朝聖路上我步履輕盈，把伊米爾他們甩得老遠，今天眼巴巴看著他們走在我前面，小情侶走走停停頻頻回首：「劉，你的腳還好嗎？」朝聖路上每個人都有自己的走路速度，我不想打亂他們的步調：「你們先走，不用管我，我慢慢走隨後跟上。」

　　路上遇到舊金山來的萊恩（Ryan）和德國來的拉斐爾（Raffael）。這條路上特別的是，拆解了國界，誰和誰都能很快從陌生變成朋友。拉斐爾是醫學院的高材生，利用修完學分的空

檔來走朝聖路思索生命的意義，他半開玩笑說：「也是來尋找女朋友的。」萊恩見我行走緩慢：「你的腳怎麼了，還好嗎？」「右小腿骨有點痛，走不快。」他立刻指著拉斐爾：「這裡有個現成的醫生，問他。」拉斐爾微笑地看著我：「如果你跟醫生說你的情況，他只會跟你說停下來別走了，我也只能給你這樣的建議。」

停下別走，我沒有這樣的打算。

患難見真情，雖然我要伊米爾和史蒂娜不用管我，但他們並沒有拋下我，每到一個小鎮或休息站就會停下來等我，關心我右小腿的情況，儘管實質上減緩不了疼痛，但精神上很安慰，感動並感謝他們的貼心。才20天，我和這兩位年輕孩子的情感為何能交融如此濃烈？我深信，決定來走這條路，真的就只是為了和他們相遇。

沿路的小麥田農人開始收割翻土，眼前一片土黃的世界，不同的視

覺風情，果然數大便是美，黃土大地和朝
聖行者的結合是絕佳的構圖。拄著登山杖
慢步前行，來到聖胡斯托德拉偉加（San
Justo de la Vega）小鎮郊外，遠遠就看到一
群朝聖行者聚集在一起，伊米爾向我招著
手，經驗告訴我又有中途補給站出現了，
自從布哥斯之後，已經好久沒看到它，
此刻我正需要停下來休息一下。走近第一
眼吸引我的，是水果群中紅艷艷的西瓜，
幾乎比我早到的都人手一片；拿起瓜咬了
一口甜且多汁，真是滿足。看到一位蓄著
落腮鬍、包著灰花布頭巾、穿著短褲涼鞋
的男人在人群中穿梭，不斷補充被取用殆
盡的西瓜，我知道他就是今天休息站的主
人，而他，也是我今天故事的主角，達比
（Darby）先生。

　　仔細觀察這個中途補給站，有整理
搭建過的空間和設備，像是儲放食物水果

的廚房、火爐、讓人坐下休息的左右兩張木長椅，以及種植花樹的庭園。這一切應該都規劃過，但是沒有家的封閉性，全部都是開放的，這和之前看到的中途站，有種說不出的不一樣。

　　我邊啃著手上的西瓜，因為好奇問了包頭鬍鬚男一個問題，揭開了今天主要故事的序幕。「你是從其他小鎮過來提供飲料食物服務大家？還是就住在這？」「我住在這裡已經9年了，聖誕節、新年我都在這過的。」「你睡在哪？我沒看到房間和床。」他手指著右邊方向的木長椅，「那就是我的床。」我這才發現木長椅上鋪了一個睡袋。

　　他開始說起為什麼住在這裡弄這個朝聖者的休息服務站，他的英文極為流利而快速，像連珠炮般，我幾乎快跟不上他的速度去聽他的過往與不幸，其他行者也都圍了過來。他說他曾經是名商人，有了錢卻過著荒唐混亂的日子，酗酒、吸毒、女人一樣不少，結了兩次婚，也離了兩次婚，割腕自殺過，也進過牢獄。在他出獄後，重新審視那一段往事不堪回首的日子，並且思考了生命的意義。9年前他來到這個地方，重新展開他的生活，什麼都沒有了，但他知道自己還有一顆心。他內觀自省，發現內在的力量非常強大，過去的一切不再折磨困擾他。他開始為路過的朝聖

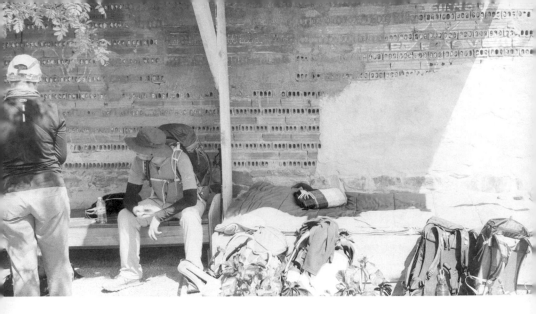

者服務，提供食物和飲料，從「心」出發，感受到無與倫比的快樂。

　　我和其他人聽的忘我入神，他突然指著他摘種的黃色雛菊：「你們看到它們了嗎？那是我用我的心摘種的，然後它們開花張開臂膀迎接你們，讓你們這一路上都能感受到美麗。」他說相信自己內在那股豐沛的力量，就來自於自己的心，能夠轉變一切。

　　感覺這時候的他像個哲學家，過往的不幸與折翅已經獲得救贖，昇華了生命。「他是上帝派下來的天使，」離開的路上我對史蒂娜這麼說，史蒂娜點頭同意：「我覺得他的改變很了不起。」達比先生不是治癒我腳痛的天

使，但他的故事和在這條路上所做的一切，療癒了每一位朝聖行者的心。這也是為什麼聽完他的故事大家都跟他擁抱，而我從來沒感受過如此溫暖的擁抱，竟然是來自一個男人，心裡激動非常。

「你能像他這樣生活嗎？」史蒂娜問我。「這需要很大的勇氣和毅力，我不知道如果是我能不能這樣活著。但是誰知道呢？也許走完這條路，我也可以。」「走完這條路，我和伊米爾也可以。」我們說著說著快樂地笑了起來。但是這裡的冬天會下雪，達比先生究竟如何度過呢？他以天地為家，9年了，自有生存之道，因為，他是天使，我朝聖路上遇見的天使。

質男大叔語錄

只有真正痛過，才知道自己還活著。痛且快樂地活著，才能悟出生命的真諦。

DAY 23
一條日光大道。
河童妳要往哪裡去

Astorga to Rabanal del Camino　20.2公里

　　清晨7點天光初露，空氣裡透著微涼與清新，庇護所前立著一尊扛著行李箱的朝聖者銅像，目送背著背包的朝聖者出發。

　　昨天路上遇見台灣來的朋友，三位年輕的女孩，很開心，他鄉遇老鄉，很久沒用中文交談了。其中兩人是朋友，一個留職停薪一個月，讚嘆她老闆佛心人好，一個辭職跟著那位留職停薪的朋友一起踏上朝聖之路。辭掉工作的年輕女孩陳允睿有個男孩子般的名字，跟她聊天感覺她挺無憂，一講起話來就笑呵呵，從不隱藏她的快樂，另一位王雅蘭就顯得含蓄些，話不多。這一路上不少年輕人辭掉工作前來，朝聖之路真的魅力無窮，這些年輕人也很勇敢。

　　其實早在雷昂就遇見過另一名台灣來的朋友，陰錯陽差錯過相認。當時在老街上，經過一名正在路邊和老外喝著啤酒的亞洲女孩身邊，兩人的視線剛好對上了，對上就打個招呼吧，朝聖行者間是沒有距離的，但是走朝聖路亞洲人以韓國人佔絕大多數，

於是我禮貌地「阿娘哈細腰」問好，只見她對我笑了笑，沒有進一步交談。路上再次遇見她，陳允睿跟她用中文哈啦，介紹我就是這條路上的「劉」，我們才恍然大悟，原來都是台灣人。「那天你説韓文，我還以為你是韓國人。」「我也以為妳是韓國人，才用韓文打招呼。」誤會在笑聲和後來嘰哩哇啦的中文裡化解開。

　　這女孩名字叫陳姿廷，染了一頭金黃的頭髮，皮膚黝黑健康，個性開朗陽光，有個特別的綽號「河童」，她說小時候跟著爺爺、爸爸學泰拳，頭髮剪短像河童，從此河童或Kappa的綽號就一直跟著她。原本我還以為她喜歡齊豫唱的〈一條日光大道〉，歌裡面就提到Kappa：「啊……河童你要到哪裡去，現在已經天晴，陽光灑遍你的全身，我只要在大道上奔跑。啊……Kappa，上路吧，雨季過去了，啊……上路吧。」歌詞裡的河童，活脫脫就是我現在看到的這個年輕女孩河童。

　　早上陽光普照，一掃昨天傍晚的一場大雨和陰霾，我們走在一條日光大道上，感覺暖烘烘，心情也跟著放晴。離開阿斯托加（Astorga）庇護所沒多久，眼前出現一座宛如皇宮城堡的建築，吸引了大家的目光。原來這是高第在巴塞隆納以外唯三作品中的第二件，「阿斯托加主教宮」。覺得自己太幸運，還沒到巴塞隆納就已經遇見他的兩個建築設計，只是還沒到開放時間，主教宮鐵門深鎖，無緣入內一看究竟，但是光是看它外觀和牆上鑲嵌的彩繪玻璃，就已經心滿意足。原來的主教宮在19世紀毀於一場大火，當時的阿斯托加主教委請他的朋友高第重新設計，這建築採用灰色花崗岩建成，偏新中世紀風格，與旁邊的阿斯托加主教座堂相互輝映。

　　拍完照繼續上路，像祖孫般的河童和來自愛爾蘭的64歲老麥克（Michael）一路並肩同行，每個人在朝聖路上都有自己的緣分。今天他們和我們結伴，一路上我和河童用母語中文交談，

滔滔不絕，一種壓抑太久終於獲得釋放的歡喜。河童說她喜歡藝術、畫畫，但是父母擔心學藝術、畫畫將來會餓死，硬是逼著她選擇了觀光相關科系，但是生命就是很奇妙，最後把她推向跟藝術有關的領域。一家法國藝術策展公司的老闆因為喜歡她有著太陽般的朝氣，破格晉用了大學剛畢業毫無策展經驗的她，讓她打理安排策展藝術家的吃住接待與策展作品的溝通。草間彌生和黃色小鴨的霍夫曼都是她接觸過的藝術家，和他們兩位國際知名藝術家建立了良好的關係，二位藝術家非常信任她。

「這是非常棒的工作經歷，剛畢業就跟知名藝術家接觸、合作，能讓妳的視野大開。」

「的確，這一年多從中我學到很多東西，可是太累了，我今年把工作辭了。」又一個把工作辭掉來走朝聖路的年輕人。

「這麼有意思的工作為什麼放棄？工作哪有輕鬆不累的？」我問她。

　　「策展忙起來真的很累，每天幾乎工作20多小時，哪受得了？搞得疲憊不堪，身體吃不消。」因為喜歡旅行，在下個工作開始前，河童選擇一個人走朝聖之路，被她父母唸翻了。

　　「走完朝聖路之後有什麼打算？」

　　「我要去澳洲幼稚園教中文，因為我喜歡小孩子，已經申請上了。」

　　「這也不錯啊！去做自己喜歡、想做的事，也是不錯的選擇。」

　　「我爸媽能像你這麼想就好了，他們希望我留在台灣工作，不要離開他們。」

　　她說父母很傳統，希望她在台灣找份安穩的工作，可是她就是不安份，她想到世界各地走走看看。父母對孩子的牽掛，我非常能夠理解，但是只有放飛，他們才能找到自己的天空。

　　我欣賞這樣的孩子，有想法、有主見、有自己想走的路，趁年輕放膽去飛，勇敢追求人生的夢，不管成功失敗，至少自己努力活過，老了也不會有任何遺憾，因為曾經築夢踏實。

在下一個小鎮遇到陳允睿二人組，她問我右小腿好些沒，我搖頭，問我要不要試試彈性繃貼，我點頭。她幫我把繃貼貼在右小腿骨疼痛的部位，男人的腿上一條粉紅色繃帶從腳背延伸到膝蓋附近，顯得有點突兀，不過只要讓我不痛，叫我穿裙子都行。說也神奇，接下來走到下榻的拉瓦納爾德爾卡米諾（Rabanal del Camino）小鎮17公里，右小腿脛骨的疼痛逐漸舒緩，似乎又可以正常速度行走了。減輕我身體疼痛的天使適時出現，讓我在這條路上又變成一尾活龍，聖雅各八成聽到我心中的禱告，派了繃貼天使給我。「感恩師父，讚嘆師父」！

質男大叔語錄

生命就是一段冒險的過程，從年輕孩子身上看見無限的可能，願你們無所畏懼勇往直前，在自己追尋的天空裡自由翱翔。

DAY 24
鐵十字架。
放下心中的那顆石頭

Rabanal del Camino to Molinaseca　26.2公里

　　不知不覺已經走了500多公里，今天又將面臨另一個高峰，從海拔1,100公尺爬上1,500多公尺，然後從1,500多公尺陡降到600公尺，這對所有的朝聖行者又是一次考驗。這些日子以來每個人腳的狀況各不相同，起水泡的、膝蓋痛的、腳踝腫的，大腿小腿痠僵的，也許這就是聖雅各給大家的功課之一。對我的小腿骨發生緩解僵痛奇效的彈性繃貼，昨天傍晚幸運在小鎮的藥房買到了，毫不吝嗇連右大腿都繃個幾條，殊不知貼繃貼是有學問的，不能隨興亂貼。錯誤繃貼加上走在高低起伏一路堅硬磐石的坎坷路上，折磨不在話下。

　　這段山路上有一個公認的打卡景點：鐵十字架（Cruz de Ferro），所有的朝聖者都會留下到此一遊的照片。伊米爾和史蒂娜為了在這裡看日出，凌晨4點摸黑出發，我爬不起來，加上想讓腳有充分的休息，放棄同行，後來他們跟我說路上看見銀河，讓我有點後悔沒跟他們一道走。

有人說從自己家鄉帶塊石頭，也
有人說從出發點的聖讓皮耶德波爾帶塊
石頭，放在十字架下就能赦免你這一生
的罪或是放下心中的傷痛。我不是教
徒，我也不想帶著一塊石頭趴趴走20幾
天，不過在鐵十字架前我祈禱能夠放下
心裡的一塊石頭，一塊糾結自己很久並
痛著的石頭。

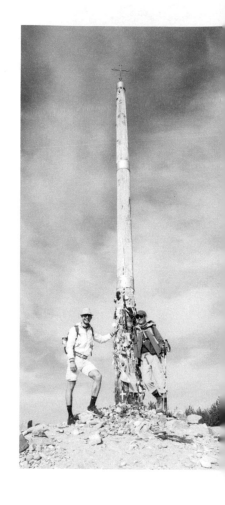

在鐵十字架前遇到昨天認識的一
位義大利帥哥盧卡（Luca），義大利的
品種太優，專出俊男美女。盧卡在義大
利一家幫比利時製作巧克力的工場工
作，他開玩笑說他每天吃太多巧克力吃
得太胖，所以來走朝聖之路減肥。事實
上，他原本是想從工作和家庭暫時逃
離，一個人享受朝聖路上的清靜，希望
思考人生後能找到真正的自己，沒想到
這條路上遇到這麼多人，從他們身上感
到人的溫暖，無所求的相互幫助，路上
滿滿的愛是他始料未及的。他告訴我，
走這條路讓他了解生活原來可以如此簡
單，只要兩件T恤兩件褲子加件外套就
可以走下去，這改變了他對生活一定要
多富裕的想法，「我們的人生就是一條
Camino朝聖路，有愛並且簡單。」他說。

「你說的這句話很棒，我要把它

記下來，寫在我的日記中。」盧卡29歲，我沒想到這麼年輕的他，能有這麼深刻的體會。

「我可以跟你收費5歐元嗎？」他又開玩笑說。

後來他又說了一句讓我印象深刻的話，他說這條路雖然他只能走兩個星期，但是這一路上他遇見的人，看到的風景，以及所有的美好，這一輩子都不會忘，會永遠記憶在他生命的深處。

「如果我們對生命中的美好沒有了記憶，那就會像在寒冬中缺少了溫度。」

「你這個年輕人今天滿口是哲理，我再付你5歐元，買下這句話。」他哈哈大笑，然後一本正經跟我說，他平時喜歡看書，看了很多書。讀書真的讓人「腹有詩書氣自華」，說出來的話都不一樣。

離開鐵十字架開始下坡，來到一處殘破不堪荒無人煙的地方，透著點恐怖電影場景的詭異感，特別是擺放在石頭上的娃娃，入夜經過一定會被嚇到。如果資料沒說，應該沒人會知道或相信這裡是一個小鎮，曼哈林（Manjarín）小鎮，看起來像是一座鬼鎮。無法得知這個小到一眼看完的小鎮過去發生了什麼事，

有人說有位湯瑪士先生在這裡有個庇護空間，提供給想要過夜的人休息，然而我的腦海不自覺浮現恐怖電影的情節。詭譎歸詭譎，入口處飄揚著某些國家的零散旗幟，以及圖寫標示各國國名的木板和石塊又形成無以名之的特色，我在一塊石頭上找到了「台灣Taiwan」。

相較於「鬼鎮」曼哈林，聖米格爾艾拉塞伯（El Acebo de San Miguel）小鎮就像藍色小精靈居住的村落，從山上向下望去，一片灰藍色的屋頂。我在這座美麗的小鎮和盧卡分手互道再見，他不想繼續趕路，決定今晚落腳這童話般的小鎮，我則是忍著右小腿的疼痛繼續下山。離開前他說：「你是我的兄弟，我從你身上感受到發自你內心的溫暖，讓人願意親近。」「我的榮幸，你保重，也許之後還會再見。」盧卡問過我的年齡，我讓他猜，他說應該沒大他幾歲，那就讓這年輕20多歲的美麗錯誤繼續下去，我也歡喜接受。

走出藍色屋頂小鎮，下坡路愈發難行，凹凸不平，又陡又硬，傷害膝蓋不說，稍有不慎就會扭傷腳踝。我不敢大意，放慢行走速度，原本還走在一起的老麥克和小河童轉眼間把我甩得老

遠，在山路中消失踪影。一位從紐約來、在大學教特殊教育的老師葛洛莉雅（Gloria），一路跟在我後面閒聊朝聖路上發生的事，我後來禮貌地跟她說不用陪我，我慢慢走就好，她說：「你的腳受傷，這段下坡路陡又難走，我跟著你比較放心。」我向葛洛莉雅一謝再謝。

就像盧卡體會到的，朝聖路上，處處溫暖，處處有愛。

✎ 質男大叔語錄

別讓心中的石頭壓垮了自己，放下，它就沒了重量。

DAY 25
放下執著。
聖雅各給我的疼痛功課

Molinaseca to Cacabelos　24公里

　　《金剛經》中講「應無所住而生其心」，簡單來說就是要你放下執念，執念太深往往帶給自己的傷痛不可言喻，我要用這句話來看待今天的朝聖路。

　　打從右小腿脛骨僵痛以來，一直擔心它會變成我走這條路的阻礙，因此中斷這800公里路，在最後八分之二的路程上功虧一簣。為什麼那麼在意，我想不透，但「800公里」這個數字就像一條魔繩綑綁著自己，我一定要從頭到尾走完它。

　　凌晨4點鐘睜開眼，清楚知道是痛醒的。繃貼除了第一天神奇有激效外，昨天和今天都在譏笑我的天真，尤其鐵十字架的那段坎坷山路，更惡化右小腿骨的僵硬和疼痛。躺在床上，心裡出現兩種聲音在攻防，「停」或「走」就像天使與魔鬼的角力，在腦中不斷縈繞盤旋。

　　朝聖路因為身體狀況變得不完整，但就算不完整也還是朝聖路。人生不也如此，它從不在意完整不完整，就是一個過程，完

整和不完整都在這個過程裡，變成它的一個部分。面對這個過程中的不得不，只能向它低頭，只能接受，但可以試著變通。「應無所住而生其心」，我想這是朝聖之路再一次透過身體的無法承受，教我放掉執著。

出發前伊米爾關心地問我：「你的臉色看起來不好，加上腳傷，還要繼續走嗎？」「半夜痛醒沒睡好。試走看看，如果真不行，到下個城鎮蓬費拉達（Ponferrada）再搭車，前面7公里應該還好。」這是一個錯誤的堅持。這一路就是走、痛、停、走、痛、停地不斷循環重複，朝聖路的時間軸線彷彿被拉得老長，不知道何時才能走到下一個城鎮。

無心路上的風景，所有的注意力都集中在疼痛的右小腿上，進入蓬費拉達之前的6、7公里，我是怎麼撐過來的已痛到沒有記

憶。看見老麥克和小河童從後
方走來，像是溺斃前攀到浮
木，我拜託老麥克幫我叫計程
車，路人説前方2、300公尺遠
的一家吧饗廳有叫車服務，然
而這麼短的距離在這一刻卻讓
我有一種移動上的絕望感。

　　猶如大旱望雲霓般看到
計程車出現，沒有執念、不再
堅持「走」完800公里，上車
就對了。河童用腳底水泡當藉
口堅持陪我搭計程車到下一

個庇護所，雖然她腳底水泡也痛，走起路來並無大礙。她在車上告訴我，大二時去日本飯店實習，不擅刀功的她，在廚房幾乎把手指一塊肉切掉，後來一個人叫車去醫院。「人在異鄉孤獨的感覺非常糟，一度在車上哭泣，我知道你一個人坐車到下一個小鎮沒問題，可是這時候的陪伴是很需要的。」「我不會在車上哭泣啦！不過真的謝謝妳的貼心。」這是朝聖之路上經常看到的互相扶持與陪伴。

平時要走差不多四個小時的路程，坐車不到25分鐘就到了，我們抵達庇護所時才早上9點半，習慣了走路的日子，25分鐘車程的距離突然變得不真實，我也知道那短少的三個半小時錯過了很多東西。庇護所還沒開門，我和河童找了家吧餐廳坐在陽傘下喝著咖啡，享受著卡卡韋洛斯（Cacabelos）小鎮星期天的悠閒與

安靜。

　　下榻的公立庇護所圍繞著修道院而建，我裝了一桶冰涼的水坐在庇護所空地的石台上泡著右小腿，曬著太陽看著空中無拘無束展翅飛翔的鸛，在修道院尖頂經常看見築巢的鸛一家人。右小腿疼痛外也開始腫脹，我Line妻子告知這件事，妻說可能是發炎，要我去看醫生。聽很多人說星期天西班牙醫生不看診，心想星期天我到哪去找醫生？西班牙文我又不會，就算找到醫生怎麼溝通？想想總覺得麻煩。

　　下午忍痛和伊米爾一行人到小鎮美食巷喝西班牙水果酒，詢問吧餐廳老闆娘得知鎮上有家醫院急診室有開，喝完酒一群同伴陪我到急診室掛急診，一票人浩浩蕩蕩走進急診室。輪到我時，伊米爾開玩笑問「你需要我們一起進去壯膽嗎？」「你等我

信號！」掛急診還這麼歡樂，大概也只有在朝聖路上才會發生這樣的事。瑞貝卡能講西班牙文，充當我的翻譯小天使，醫生詢問狀況後，處方果然如德國準醫師拉斐爾所言「冰敷、抬腳、休息」，不打針也不開藥。在我立下後果自負「生死狀」的拜託兼耍賴要求下，女醫師才讓護士幫我打了一針消炎針，可能護士從未見過如此盧的亞洲奇男子，施針前對我一直吃吃地笑。西班牙掛急診不便宜，這一針貴森森，近百歐，折合台幣大約3,500元，幸好我保了海外醫療險。

　　總之，在西班牙人生地不熟語言又不通，連到醫院掛急診打針的經驗都有了，這趟路走得真是印象深刻而難忘。

✎ 賈男大叔語錄

「我一定要」和「我一定不要」，都是執念設下的圈套，讓你一步一步身陷其中，無法掙脫跳出，自是嚐盡苦果。

DAY 26
歡迎回家。
巴西夫妻的溫馨庇護所

- -

Cacabelos to Vega de Valcarce　22.8公里

　　消炎針發揮了作用，右小腿不再腫脹，雖然走起路來仍然有點痛，但是最糟的情況已經過去，今天不用坐計程車。我其實很感謝這一次的腿傷，如果不曾這麼痛過，這趟朝聖路就不會如此刻骨銘心，以及放下執念放過自己的領悟。

　　路上遇到馱著一隻黃狗的驢子，甚是可愛，想起小時候看的卡通《小英的故事》。朝聖路上的家人今天都放慢了腳步，每到一個小鎮就停下來等我，確定我的腳況沒問題再繼續上路，我也絲毫不敢掉以輕心，每到一家吧餐廳就向店家要冰塊冰敷右小腿。

　　「劉，你的腳有沒有好些？不趕時間，我們今天陪你慢慢走，每到一個小鎮就休息10分鐘。」史蒂娜點了柳橙汁坐在我旁邊。

　　「小腿消腫好多了，真不好意思，影響了你們的速度。」

　　「今天陽光多棒，我們走一走，脫掉鞋子休息曬曬太陽，我覺得很享受。」瑞貝卡光著大腳丫坐在太陽底下，陽光很溫暖，

這年輕女孩拐彎抹角的回應更溫暖。

　　平常差不多五個小時就能走完的22公里路程，今天就這樣走走停停花了七個小時，心裡清楚感受到朝聖家人和朋友的體諒和包容，那種被關心的同路之愛，就像西班牙春天小鎮上爬滿牆的似錦繁花爆炸般的美麗。

　　走到貝加德瓦爾卡爾塞（Vega de Valcarce）小鎮第一家私立庇護所（Albergue do Brasil）前，慶幸這一路右小腿撐了過來，遠方高架半空中的公路甚是壯觀，庇護所前坐著從東京來的業餘攝影師平野（Goichi）。

　　「平野，你坐在門口怎麼不進去？」

　　「說是兩點鐘開門，但不知為什麼沒開，我已經坐在這裡兩個多小時了。」

　　我們原本要落腳公立庇護所，平野8年前住過，他的評價不好，於是我們跟他一起等這家巴西人經營的庇護所。不能一直乾等下去，時間已晚，萬一今天不開那就麻煩了，其他庇護所屆時怕是一床難求。瑞貝卡打電話聯絡確認會開，只是庇護所主人家

中有事會晚到，告訴我們門外的鑰匙位置要我們直接開門進去，史蒂娜不敢相信庇護所主人就這樣讓陌生人進入，朝聖路上真是無奇不有，我說這是人際間信任的美好。

　　庇護所的空間雖不大，卻整理的雅致而溫馨，有家的味道。一行人分配好床位後，史蒂娜開始操作起咖啡機，為大家煮咖啡，這對在咖啡店打工的她來説輕而易舉。這是一家自由捐獻的庇護所，通常自由捐的庇護所多是公立性質，私立的我還是第一次遇到。吃住在此，捐多捐少看能力，也看心意。庇護所主人半個鐘頭後趕到，女主人瑟聶（Shenia）説她和先生布洛柳（Braulio）從巴西搬來這裡租了這棟建築經營這家庇護所，她為沒能準時開門一再跟大家道歉。

　　趁瑟聶清理我們剛使用完的浴室時，我跑去問她，「我好奇你們夫妻倆為什麼要用自由捐的方式經營庇護所？能平衡租金和所有開銷嗎？」

　　「我的朝聖朋友，我2008、2012、2017前後走了三次朝聖路，我的心中充滿了熱（heat），想為走在這條路上的人做些什

麼，我知道有的人不見得很富裕，但他們有心走這條路，我心中的這股熱力告訴我得協助他們。」瑟聶微笑地跟我說。

「這是奉獻，付出妳的所有，但是經營庇護所的支出應該也不小，靠自由捐撐得下去嗎？」

瑟聶回答我一開始的確入不敷出，一直在燒他們從巴西帶來的錢，去年8月才從一名經營不下去的西班牙老婦人那接手庇護所，先由先生布洛柳一個人打理，瑟聶因為在巴西銀行還有工作，只來幫忙一個月又回巴西，但是今年毅然辭掉工作，夫妻倆同心共築奉獻的夢。瑟聶是天主教徒，她相信上帝會看到她心中的熱，而她也慢慢感受到來此之後在她身上發生的變化。她舉例，在這之前她和先生的婚姻已瀕臨破碎，但是現在已經雨過天青，她深信這是上帝賜予他們的恩典，這間庇護所他們夫妻倆一定會堅持下去，讓所有朝聖者住進來後，都有家的感覺。的確，我們進出吧枱廚房煮咖啡或泡麵，就像在自己家一樣自在。

布洛柳和瑟聶夫妻倆聯手為我們這群有幸的朝聖者準備一頓豐盛的晚餐，大家坐在餐桌前舉杯，溫馨與熱充盈這一方小小的

空間。布洛柳晚餐後拿出蜜蠟為每
一位朝聖朋友的護照上蓋上印戳，
一個充滿溫度和友誼的朝聖印記。

感恩，在每一個時刻，我是
多麼幸運，遇到等待的平野而佇
足，住進了像家一樣溫馨的庇護
所，庇護所主人和來自各國的行者
們就像一家人般歡聚一堂，這樣的
安排，一定有它的道理。

質男大叔語錄

朝聖路上的包容與愛，撫慰
了所有的傷痛。朝聖路上的
奉獻，散發著無比的光熱。

DAY 27

神蹟傳說。
法國之路最古老的教堂

- -

Vega de Valcarce to Fonfrià　23.8公里

　　今天的路段從海拔600公尺攀升至1,300公尺，擔心右小腿無法承受攀爬山路的洗禮，昨晚就拜託庇護所女主人瑟聶幫忙訂今早的計程車，剛加入我們隊伍的58歲澳洲先生史賓塞（Spencer）胸口不舒服，決定跟我一起搭車。「你胸口怎麼了？」我關心地問史賓塞。「感覺悶悶的，緊緊的，呼吸有點痛。」瑟聶告訴我們身體有狀況別逞強，朝聖之路沒要任何人從頭走到尾，都是自己的念頭。

　　計程車在山路上奔馳，一路攀爬到山頂，計程車司機駕車快而穩，在狹窄的小徑左彎右拐，想是這段路跑得相當頻繁，相較於步行，車就像在風中飛行。史賓塞看到車行的路況，直說他的抉擇明智而正確：「走到頂說不定會要了我的命。」「我走上來可能腿也完蛋了。」「我也是，別跟自己身體過不去。」同車還有一位奧地利老婦人安德莉雅（Andrea），她的膝蓋痛不能勉強再走了，聽到我們的對話跟著附和。

　　計程車來到歐塞夫雷羅（O Cebreiro）停了下來，看到成群的朝聖行者在這休息和活動，司機放我們下車5分鐘去教堂蓋印戳。山上這座像是遺世獨立的小鎮，其實是聖雅各朝聖法國之路進入加利西亞地區的入口，聖地牙哥康波斯特拉就在這一區，也就是說我們離聖城愈來愈近。不過歐塞夫雷羅小鎮有種說不出的特別古老味道，除了中世紀的石頭路和石牆屋外，覆蓋著茅草屋頂的圓形石屋給人一種時間扭曲的錯覺，彷彿回到卡通原始摩登人的史前時代，當地人稱這種古老的建築叫「pallozas」，是當時人畜共同生活的「家」，如今只保存了九個，成了古蹟。

　　我們去蓋護照印戳的皇家聖瑪麗（Royal St. Mary's）教堂建於西元9世紀，據說是法國之路上最古老的教堂，前羅馬式建築風格，內部空曠簡單，沒有什麼華麗的裝飾，釘掛在十字架上的受難耶穌更加凸顯，而堆砌拱形牆面的石頭外露，讓聖潔中的古

老氣息更加明顯。這座教堂更為教徒津津樂道的是「聖杯」神蹟傳說。西元1300年左右，有一個名叫胡安的農夫是虔誠的基督徒，他從來沒有因為任何事情錯過彌撒，有一天，一場猛烈的暴風雪襲擊了村莊，主持彌撒的牧師認為不會有人出現，當他看到胡安冒著暴風雪過來，牧師很驚訝並取笑他，說他何必為了一點點麵包和酒冒險前來。就在當下聖杯裡的紅酒變成了血，流出染紅祭壇上的桌巾，牧師嚇得瞠目結舌，傳說就是上帝在懲罰牧師的不當言語和缺乏信仰。

　　蓋完印戳匆匆步出教堂，意外看見路旁滿山谷的雲海，如夢似幻。時間有限，顧不了腳痛快步向雲海走去，這是聖雅各給我的恩典。行走間遇到一臉焦急的安德莉雅：「我們的計程車怎麼不見了？我的背包還在車上。」我安撫她應該停在別處：「到那個停車的空地找找，看見司機麻煩請他再等我幾分鐘。」後來看到滿臉笑容的安德莉雅坐在車上，車門一打開她就像個稚氣的小女孩對著我喊：「我找到它了。」

　　扣掉休息時間，全程不到30分鐘就到了今天落腳的豐弗里亞（Fonfrià），這小鎮帶我進入另一個世界，滿街的牛糞，綠頭蒼

蠅成群飛舞清楚可見，我有點後悔剛剛應該留在歐塞夫雷羅，好好逛逛那個小鎮，吃點當地美食什麼的，然後慢慢走完剩下的12公里。豐弗里亞不大，應該是個小農村，庇護所只有一家，趁還沒開始登記床位的空檔，四處逛逛，薰天的原始的牛屎臭氣，只能掩鼻而行。看見一片牧牛的草原，像電影真善美的場景，但草地上牛糞處處，一不小心就會踩雷，不過我有預感爬到最高點，我又會看到雲海。果不其然，這山谷中堆疊的雲海，這次離自己更近了，陶醉其中，一個人享受獨家美景。

　　美景當前，我在西班牙的山上，Line給在大阪讀書今天生日的女兒我的祝福與一位父親的愛，第一次看到她毫不猶豫的回我：「我也愛你」，我眼前的雲海漸漸模糊了。

質男大叔語錄

千里之行始於足下，但是沒有一雙好腳，一公尺恐怕都走不了。千里之行應該始於健康足下才是。

DAY 28
我的靈魂。
祢趕上我的身體了嗎

Fonfrià to Samos　20.8公里

　　台灣親友稍來的關心這幾天不曾斷過，早上看到嫂嫂的大哥在臉書留言，溫暖也有意思，他寫著：「古老的印第安人留傳下來一個習慣，當他們身體移動太快的時候，就會慢下腳步，然後安營紮寨，耐心等候自己的靈魂前來追趕。有人說是3天一停，有人說7天一停，總之，人不能一味的走下去，要駐紮在行程的空隙中和靈魂會合。靈魂似乎是個身負重擔或手腳不俐落的弱者，慢吞吞的經常掉隊，你走得快了，它就跟不上你的腳步，而一次絕佳的旅行是身體和靈魂高度的協調一致，永遠相伴。」我的靈魂也許也被施了法一路上拖拖拉拉，但這條路所剩無幾，我的身體不能等它太久，希望它跑快點，體諒當下我的某種迫切。

　　今天的路從海拔1,300公尺到600公尺屬於先降再升又降的起伏節奏。路上貝殼黃箭指標標示離聖城不到150公里，這是邁步向前莫大的鼓舞，不過我依舊追不上伊米爾他們的腳步，但是每每要拍照的時候，他們就會停下來等我，史蒂娜說合照一個都不

能少，這也是我為什麼那麼喜歡這幾個孩子的原因。

　　宛如仙境般的雲海在這段路上一路展延，宛如一幅波瀾壯闊的山水畫，雖然鐵十字架那天錯過浩瀚無垠的銀河，接連兩天有繚繞的雲海陪伴也已滿足。英國男孩賈許（Josh）和韓國女孩真秀從後面超越過來，我幫兩人在雲海前留下合影，金童玉女看起來很登對。這兩名活潑開朗的年輕人從法國勒皮（Le Puy）就一路結伴同行，足足比我們多走了600公里的路程，我們在巴西夫妻經營的庇護所成為室友，也是在這裡不小心撞見他們的愛情，儘管他們人前都不承認。聖雅各朝聖路上醞釀著各種情緣，我和伊米爾、史蒂娜、瑞貝卡、老彼得和安東尼走著走著成了家人，賈許和真秀走著走著變成戀人，朝聖旅程結束之後關係是否能繼續並不重要，重要的是這條路上曾經有過。

　　路上被一隻亦步亦趨跟在母牛後面的小牛吸引，剛斷的臍帶還掛著晃呀晃的，大家拿起相機猛拍。小牛鑽到母牛身下找奶喝，母牛不時舔著小牛，舐犢情深，活生生的寫照。那天掛急診前在美食巷一起喝水果酒的義大利小帥哥喬治（Giorgio）走過來：「很動人的畫面。」「嗨，喬治，真高興在這遇見你。」我和喬治聯袂走了一小段路，路上閒聊著他的工作。

　　「你為什麼辭掉法國運動服飾用品店的工作？」

　　「公司想用比我年輕的人，節省薪資成本。」

　　「你不到24歲，也很年輕不是嗎？」

　　「我在店裡算老鳥了。」他苦笑。

　　喬治結束工作打算休息一陣子，趁找下個工作前的空檔在歐洲旅行，朝聖法國之路他從中段加入，不敢貿然從頭走，擔心

腿力不行:「我先試試自己的能耐,順便想想自己的下一步。」在路上一家吧餐廳前我們留下合影,祝福他的未來,也相信聖雅各會給他想要知道的答案。

　　穿越出樹林的山丘上向下望,一座巍峨的修道院出現眼前,落腳的小鎮已近在咫尺,這一天行走時不時的疼痛,終於快得到救贖。薩摩斯(Samos)這座美麗的朱利安修道院(Mosteiro de San Xulián)外觀方正,最早建於6世紀,是一座有著古老歷史的修道院,不過在1558年和1951年分別遭遇大火重建,整個建築混合了羅馬式、哥德式、文藝復興式和巴洛克式風格,它的迴廊風情萬千。修道院每天固定

時間開放參觀，由院裡的修士以西班牙文講解導覽，完全聽不懂，只能純欣賞。修道院讓人印象深刻的是二樓四面牆的壁畫，塗繪著修道院的歷史和宗教故事，非常醒目。

參觀朱利安修道院之前有個外國的朝聖行者突然用中文對我說：「我是台灣人，你是台灣人嗎？」我驚訝地走到她身邊：「妳先生是台灣人嗎？」她指指坐在她身旁的先生，也是外國人。她告訴我42年前她24歲時曾到東海大學教過兩年英文，所以學了點中文，學生還幫她取了中文名字「白梅鈴」。她用生疏的中文和流利的英文，我則用流利的中文和生疏的英文交雜著聊天，白梅玲的先生則是安安靜靜地坐在一旁聽著我們閒話她在台灣的點點滴滴。

「你們夫妻一起走朝聖路是件幸福的事，非常羨慕。」

「你結婚了嗎？」

「嗯。」沁涼的可樂滑下喉嚨，微風徐徐吹來。

「太太沒來一起走？」

「她膝蓋受過傷，怕是走不了，而且她要工作，沒這麼長的假。」

白梅鈴的先生開工程公司，事業很大非常忙，經常國外國內

到處跑，夫妻倆聚少離多，總是看不到對方。她說：「這次來走朝聖路是我堅決的要求，就是希望兩人能有多一點的相處時光，我先生也能好好休息一下。」朝聖之路彌補了她婚姻中的缺憾，更希望他們走完後，能有更多相聚的時光，生活更美滿，相惜相守共伴人生歲月。

朱利安修道院的鐘聲傍晚6點悠揚響起，穿透了薩摩斯小鎮，祝福著每一位走在朝聖路上的過客；這時候我的身體順著鐘聲大聲在問，「嘿，靈魂，祢趕上來了嗎？」

質男大叔語錄

朝聖之路的人生縮影，像列車到站般，有人上有人下，有歡喜有惆悵，每一刻都很美好，活在並珍惜當下。

DAY 29
致青春。
為你們的愛與夢想乾杯

Samos to Mercadoiro　32.0公里

　　一早7點出發離開薩摩斯，不少朝聖者會選擇接下來的薩里亞（Sarria）大城停留，也會有不少觀光客湧進薩里亞從這裡出發，加入最後100公里的朝聖健行，我們不想在這座城市人擠人，加上配合行程趕路，決定加大今日的路程走32公里到薩里亞之後16公里的小鎮落腳，估計七個小時完成，不過尚未痊癒的腳

能否走完是個未知數。

　　一路在山林中穿梭，小橋流碧水潺潺，春光浮影風徐徐，心情舒暢快意，只是山路幾段起伏，暗忖恐又催動了右小腿脛骨的疼痛。在離薩里亞還有5公里的一個小鎮遇到台灣來的年輕夫妻阿傑和小昭，他們走上朝聖之路補度蜜月，讓我打心底佩服他們的決定。來之前我曾在網路上讀到有新婚夫妻走朝聖之路，一路走一路吵，吵到最後差點離婚。「你們路上有吵架嗎？」「怎麼可能，疼都來不及了。」箍著一頭長髮的阿傑笑著說，小昭臉上則是流露著新婚的幸福。

　　這條路又長又重，一個人走承受所有決定的後果，即便有情緒也沒人可吵。兩個人就不同了，意見或是腳步速度不一致時，只要有半點差池，一不如己意就容易激發各自的脾氣，變成吵架的導火線，所以朝聖路的試煉，也在教大家體諒和包容這門課。其實，我們的日常不也如此，親密關係中不懂得站在對方立場想，只想到「我」而無法控制自己的脾氣和情緒，往往造成的傷

害深如鴻溝而不自知。

　　小昭在路上不小心扭到腳痛到無法行走，阿傑帶她搭巴士到大城市看醫生後，這條路還是得繼續，他放慢了自己的速度呵護地陪著小昭慢慢走，小昭背包的大部分重量也都分給了他，背在身上好大一包。「你的背包多重？」「大約20公斤。」聽得我下巴都快掉下來，讚許他是真男人好丈夫。在鐵十字架那段坎坷的下坡路，他更是把小昭背著的背包掛在他的超重背包下，看得其他路友嘖嘖稱奇，覺得不可思議。「沒什麼啦，我有練還撐得住，我們第一天在庇里牛斯山看到一對美國老夫妻，太太走到崩潰不走了，結果是老公背著她走，這才了不起。」朝聖之路這一刻不折不扣成了夫妻之道，男人愛妻的力量在這條路上展現無疑，但前提是，老公得夠強壯，不然千萬別帶老婆踏上西班牙朝

聖路。

走到薩里亞，僵痛的右小腿估計無法再撐後面的16公里，阿傑建議我先找運動用品店買一顆軟式網球，按摩疼痛處，然後幫忙叫了計程車。計程車司機用簡單的英文告訴我明天會有雷雨，明天的事明天再煩惱，朝聖路上已經練就不為還沒發生的事擔心的功力。庇護所辦理完登記，坐在餐廳外的遮陽傘下放空，雷聲拖長了轟隆隆的節奏連綿不絕，雨水伴著雷聲紛紛而下，雷雨似乎提早來臨了。點了杯啤酒和西班牙烤章魚腳，享受雷雨交雜聲中這一刻的寂靜之境。

晚上在庇護所別緻的石頭屋餐廳用餐，已有數面之緣韓國來的三名年輕人金東辰、金娟廷、姜永浩加入我們的行列。對運

動有著無比熱情的東辰剛結束平昌冬季奧運特約一年的工作，希望能找到另一份和運動有關的工作；娟廷五官標緻是個氣質小美女，在釜山擔任英文流浪教師，工作沒保障也不穩定，只能走一步是一步；俊俏的永浩大學剛畢業，對自己的聲音很有自信，一心想當一名廣播DJ。他們在人生的空檔中不約而同踏上聖雅各朝聖路，探索著生命和未來，共同的目標讓他們一見如故變成了好朋友，問他們這一路上感受最深的是什麼？幫助、關懷、愛與友誼。的確，我也看到這條路上這些無與倫比的生命價值。觥籌交錯間看著他們和伊米爾、史蒂娜、瑞貝卡這一群20多歲的孩子，在這個年紀走上這條長達30多天的朝聖朝心旅程，無懼無悔的青春真是讓人羨慕。

　　乾杯！致你們的青春和我們的相遇。

／質男大叔語錄

生命裡的每一個選擇和決定，都不會是平白無故，但是你得為自己的選擇和決定負責。

DAY 30
等待與陪伴。
朝聖路上的溫柔

Mercadoiro to Palas de Rei　31.2公里

　　睡前咬著牙忍著痛用網球來回滾動按摩小腿脛骨，早上醒來似乎舒緩許多，估計不用再坐計程車。離開庇護所，天空灰濛濛一片，路上瀰漫著濃霧，想起計程車司機說今天會有雷雨，平野也說雨季開始會持續一個月，聞到風裡濕濕的雨味，想是路上應該避不了這場雨，不過幸運總是眷顧著我，這雨始終沒落下來，一直到晚上7點才開始滂沱。

　　進入波托馬林（Portomarín）小鎮前的路上同時出現兩個黃色箭頭指向兩個不同的方向，五、六名路友聚在一起討論該走哪一條，朝聖路上偶爾會出現這樣的選擇，通常都是長短路線的掙

扎，選擇短路線可能一路單調，選擇長路線比較有看頭，像昨天前往薩里亞也是如此，長路線比短路線多走4、5公里，林野風光的確比單調公路強多了，不過今天長短差不多，只是一條是平坦好走的新路，一條是舊的朝聖路，崎嶇難行。儘管傷痛未癒，我選擇走原始之路，只為感受當時朝聖之人的經歷。

穿越崎嶇小徑後，眼前出現一條彎彎大河，河中倒影如畫，大河上架了一座長橋，通往波托馬林小鎮。這條大河藏了個祕密，最早的波托馬林小鎮遺址淹沒在這條大河底下，當年為了在河邊建水庫，把波托馬林的一石一瓦原封不動搬遷到現在山丘上的位置，得登上高梯才到得了新的小鎮，至於舊的小鎮，河水退去時依稀可見它的殘跡。

路上遇到一對老夫妻，兩人步伐速度落差很大，老婦人緩步前行，

老先生每隔一段距離就會停下腳步，回過頭溫柔地看著老太太走向他，等待的這段距離，有股無法言喻的甜蜜和美麗。有人說等待不一定是愛情，但我認為等待裡有著滿滿的愛，我們這一生中有著太多的等待，不管等待的是什麼，如果沒有愛，是不會在那裡守候不動的。

還有陪伴，陪伴裡也總是蘊藏著無止盡的愛。賈斯汀（Justin）是一位20歲的德國男孩，他陪著70歲的祖母一起走朝聖之路，因為祖母想去世界的盡頭菲尼斯特雷看海。賈斯汀在兩個半月前中斷在斯洛伐克醫學院的課業，從柏林的家徒步出發走到聖城聖地牙哥康波斯特拉，只因為聽到祖母的願望，折返朝聖之路大約最後100公里的薩里亞陪伴祖母再走一遍。

「為什麼中輟學業？」

「高中打下的基礎不夠紮實，申請醫學院後課業跟不上，壓得我無法喘息，只好休學，」稚氣的臉上總是帶著笑容。

賈斯汀曾經在醫院擔任過半年的志工，給他很大的啟發，他有個

夢想，要到偏遠落後的國家，像是非洲，做一些醫療服務，等他陪祖母走完這段路後，打算回去重新讀高中打好基礎，然後再申請醫學院。「你的想法很棒，也很善良，祝福你夢想成真。」他真是個好孩子，一路上都在撿地上的垃圾瓶罐丟進垃圾桶裡。

　　很早之前就聽外國路友跟我說路上遇到台灣女孩「秀」，但是我一直沒遇到，今天走到里貢得（Ligonde）小鎮意外碰面，她看到我經過，從庇護所餐廳跑出來：「你就是他們口中的劉吧？我是安秀。」「原來妳就是秀啊，我一直聽老外這麼說著妳的名字，真巧，能在這相遇。」安秀比我晚出發，現已走在我前頭，她和路上認識的外國同伴下榻在這個小鎮。我和她聊起我的腳傷，她說起她被床蝨咬到整隻手紅腫掛急診，後來又遇上庇護所全滿，被安排在倉庫濕冷的地上打地鋪一夜難眠。朝聖路上大家都遭過罪，但是每個人的臉上依舊掛著笑容，這就是這條路上的歡喜和甘願。

　　沿路休息不時拿出網球按摩，效果很好，僵痛獲得大幅改善，不過31公里的路走了九個小時才完成，伊米爾他們早就抵達庇護所，梳洗完畢到鎮上超市採購完畢，準備料理今天的晚

餐－－義大利肉醬通心粉，這些日子多虧了這位能幹的小廚師，讓我省心省事省荷包不少。晚餐後一名瑞士先生從箱子裡拿出狀似巨大煙斗的阿爾卑斯長號吹奏，樂聲沉厚雄渾，驚喜了在場的每一個人。這是阿爾卑斯山區的傳統樂器，原本是牧人召喚牲畜，或在山區傳遞資訊的工具，第一次親眼見到這種樂器，3、4公尺長的圓錐管，需要多大的肺活量才能把樂音吹奏出來，讓我佩服不已。「這樂器多重？」我聽見有人在問。「4、5公斤左右。」瑞士先生邊收起阿爾卑斯長號邊回答。這重量讓我對這位瑞士先生更加敬佩了。

質男大叔語錄

朝聖路上所有的苦難和疼痛，不過只是個過程，終究會雨過天青過去的，人生不也如此。

DAY 31
承諾。
古稀老翁為愛跋涉朝聖路

Palas de Rei to Ribadiso　27.6公里

　　聖雅各朝聖路上看見許多美麗的愛情故事，但都比不上今天聽到的，它悲傷動人真摯有著溫度。這是一位年近七旬法國老先生的愛情故事，在這條路即將結束的尾聲，出現在我的眼前。

　　夜裡大雨，早上的天空灰濛濛一片，風裡透著濕意與涼意。走了4公里到達聖修利安（San Xulian）小鎮，我和伊米爾、史蒂

娜決定在經過的一家吧餐廳吃完早餐再繼續前進。吧餐廳裡朝聖的行者排著隊蓋護照印戳和使用餐廳的廁所，但是沒人點餐或飲料，餐廳老闆等這群人離開後，一氣之下把門鎖了起來，不再放人進來，鬧烘烘的餐廳一時之間安靜了起來，只剩下我們三人和一位白髮蒼蒼的老先生。等餐時間我們互打招呼，69歲的安托萬（Antoine）老先生來自法國勒皮，伊米爾好奇問他為何來走這條路，意外揭開他讓人聞之鼻酸的愛情故事。

「為了我女朋友的心願，所以我踏上朝聖之路。」安托萬小他2歲的女朋友3年前罹患肺癌，病床上他心愛的女人對他說，等她好了要安托萬陪她一起走朝聖之路，看著被病魔摧殘日漸憔悴的女友，他承諾只要她好起來一定帶她走上這條路。但是這名女子一如絕大多數的肺癌患者，躲不過死神的召喚，安托萬古稀之年的浪漫愛情故事的結局終究以悲劇收場。

安托萬傷心至極，沒忘心愛女人的心願，兩個半月前從勒皮他們同居的家開始走上朝聖之路，我們從聖讓皮耶德波爾出發都覺得路途漫長，他

比我們足足多走600公里，這是怎麼樣一段刻骨銘心的愛，能支撐一名白髮老翁走這麼遙遠的路？

「你沒背背包嗎？」我看他隨身只拿著一根木杖。

「最近我的背不舒服，開始托運背包，我不能在最後倒下來。」老先生精神奕奕扶著杖慢步前行。

「你對你女朋友的愛和想念一定很深。」

「我握著她的手，看著她閉上眼睛，那是我們最後的時刻。我無法忘記我們曾經共有的時光和相愛的時刻，她是我深愛的女人。」安托萬的悲傷在他平淡的語調中不著痕跡，但我感受得出他心裡的痛。

沒想到朝聖路上會聽到一名70歲老人至死不渝的愛情故事，我放慢了原本就不快的腳步，想陪他走一段。西班牙的電視新聞氣象昨晚預報雨季就要開始，想到市川拓司《現在，很想見妳》小說敘述去世的女主角澪子在雨季回到先生、孩子身邊重聚，我也多麼希望朝聖路雨季開始安托萬的女友會回到他身邊。「相信奇蹟嗎？你為愛從這麼遠的地方走上朝聖路，說不定感動了聖雅各，等你走到聖城或世界的盡頭時，你的女朋友也許會在那裡出現等你。」「誰曉得，但願如此。其實我感覺到她一直陪在我身邊，跟我一起走在這條路上。」傷痛終究只是個過程，會隨著時間淡逝，但是傷痛裡的真愛不會忘記，老先生悠悠歲月中對女友深情的記憶，應會深烙在他朝聖路上的每一個步履中。

安托萬把他對心愛女人的所有思念與過往的點點滴滴，都帶到了聖雅各之路，相信這條路在這兩個半月一定安靜地療癒著他深埋心底的傷痛，看著他孤單落寞的身影，心裡有種酸酸的感覺，但也許他是快樂的，因為心愛的那個女人一直陪在他身邊，從來沒有離開過。

　　「再見，安托萬先生，希望後面的路上還能再碰面，保重身體。」他謝謝我陪他走了一段路，我則是謝謝他的故事帶給我生命的感動。人間至情，莫過於此。

　　雨季的開始對朝聖的行者事實上一點都不浪漫，看著天空雲層像是積了水的棉花厚重地要壓垮到地面般，不知何時大雨就會傾盆，可是一直到走到落腳的庇護所雨水都沒有落下來，甚幸。庇護所旁有條悠悠清澈的小河，冰涼的河水安撫著右小腿的不適，僵痛似乎已經逐漸褪去。朝聖路上我身體上的傷痛隨著時間流逝慢慢消失不見，但這十天來也真的刻骨銘心。

質男大叔語錄

> 生活裡不是只有愛情，還有一份恆久不變的愛，它在無常中找到定位，不會隨著時間的流逝和空間的轉換而飄移，雖會消失但記得它的位置。

DAY 32
旅行的過程。
找到自己最重要的部分

Ribadiso to O Pedrouzo　25.6公里

公立庇護所無法預訂，伊米爾他們擔心晚到會沒有床位，決定5點半起床6點上路。在黎明靛藍的天色裡行進，路燈照影，記憶中這是一個月來第一次這麼早出發。一路上瑞貝卡和伊米爾

一直反覆練習昨天晚餐我教他們的中文繞口令：「馬媽媽騎馬，馬慢，馬媽媽罵馬。」「吃葡萄不吐葡萄皮，不吃葡萄倒吐葡萄皮。」「四十四隻石獅子。」外國人初學中文已不易，繞口令更是增加難度，但是他們樂此不疲反覆努力說著，特別的腔調和捲舌音非捲舌音的混亂增添了許多樂趣。

愈接近聖城聖地牙哥康波斯特拉，之前路上相遇相識的朋友也愈不見蹤影，只剩下情感相依的我們，然而明天到了大家共同的終點，這幾位還走在一起的朋友，也即將在這裡互道珍重說再見，不是難分難捨，只是有種奇怪的情緒在翻騰。

「劉，你的生日那天，在菲尼斯特雷打算怎麼過？想有個生日趴踢嗎？」伊米爾問我時，我楞怔了半刻，沒想到他記著我的生日，讓我很感動。我原來計畫這一天一個人安靜地在世界的盡頭看海。

「你如果有自己的計畫，別理我的提議。」聰明又懂事的孩子一眼看透我的遲疑。

「伊米爾，我很謝謝你們，我覺得很溫暖，原本我打算一個人過，但是現在我決定一定要跟你們在這天一起吃飯，慶祝我們的相遇與緣分。」我們一言為定，聖城分開後31號在世界的盡頭再見。

在阿蘇阿（Arzúa）小鎮又遇到安托萬老先生，他指著一面白牆上的蝸牛問我：「你看這隻蝸牛，這麼大一片牆，你猜牠要爬去哪裡？」我搖搖頭，誰知道呢？心想老先生真有意思，竟然關心一隻蝸牛的動向。不過才走幾步，當我看到葡萄藤上長滿的新葉，我嚷著：「我知道牠要爬去哪了？牠要爬去吃葡萄。」安托萬就像童謠裡的那兩隻黃鸝鳥一樣，笑說葡萄成熟還早得很哪。「阿黃阿鸝不要笑，等我爬上它就成熟了。」我用這首童謠

作為解釋，他笑嘻嘻地說：「這就是我現在的人生寫照。」慢慢走，沒關係，您還是會帶著她看到聖雅各大教堂，得到聖雅各的祝福，讓您對她的所有愛戀有所依歸，如同那隻蝸牛能吃到熟美的果實。

　　離開阿蘇阿小鎮，看見一處張貼智慧語錄的亭子和牆面，所有經過的朝聖者都停下腳步張望，朝聖路上的安排，處處給人驚喜與啟示。每一則語錄都發人深省，我最喜歡其中一則是，

"It's good to have an end to journey towards; but it is the journey that matters, in the end." 這是海明威的名句，翻成中文就是「**旅行有個終點是好的，但最終重要的，還是旅行的過程。**」我的朝聖朝心之路終點就在20公里外，這一路的過程讓自己對生命重新審視、重新思考、重新出發，最重要的部分早已不言可喻。走在這條路上的人們，有意識無意識都想找到最初和最終的自己，這段800公里的過程中，找到了嗎？我沒有答案，但這一路我很平靜也很快樂。

　　我見我思不斷在這條路起落，在心靈片刻的休憩中野放自己，就像翱翔在聖雅各朝聖路的天寬地闊之中，沒有任何羈絆，沒有任何負累，一切都是如此的自在，那是，心自由了，人放開

"It is good to have an end to journey towards; but it is the journey that matters, in the end." Ernes Hemingway

"Tourists don't know where they've been, travellers don't know where they are going." Paul Theroux

　　了。生命不需要一直都這麼的忙碌，你需要一段長假，給自己一個空隙安靜地呼吸，然後好好地釐清自己，放空自己，放開自己，相信老天會為你做一切最好的安排。

　　路上毫無預期地遇到匈牙利太太伊波雅，遠遠地就看到那件熟悉的花褲子在人群中走動，我從背後搭著她的肩大喊「Surprise！」她回過頭看到我大聲尖叫，走在前面的匈牙利先生蓋伯也停下腳步回過頭，三人相擁，我看見他們夫妻眼中都泛著淚光。

　　「劉，我們太想你了，蓋伯和我一直掛念著你，」伊波雅激動地說著。

　　「我也是，真高興在這條路結束前還能遇見你們，你們這一路還好嗎？」

　　可能我在雷昂多停留了一天，路程就這麼錯開，之後就再也沒在路上碰過面，都是透過臉書關心對方落腳何處。我和匈牙利先生、匈牙利太太的情緣很特別，不像跟伊米爾、史蒂娜那麼親近，但是彼此心中都有對方位置的存在，我們最後的這段路一路閒話家常到今天下榻的歐佩屈佐（O Pedrouzo）小鎮，匈牙利先生蓋伯總是安靜微笑聽著伊波雅的翻譯，適時表達他的友情。

　　「蓋伯說歡迎你來布達佩斯玩，我們會準備一個房間等待你的到來。」在他們下榻的旅館前擁抱道別，我們相約還要再見。

　　這是一段奇妙的旅程，一條路竟然可以凝聚來自世界各國的感情，如果讓世界各國的領袖元首來走一個月的朝聖路，不曉得對促進世界大同是否有幫助？哈哈，我想太多了。

✎ 質男大叔語錄

朝聖路上我感謝經歷了人生和人性中最美好的一刻，所有的遭遇都是如此珍貴和難忘。

DAY 33
朝聖之路的終點。
從心出發的起點

- -

O Pedrouzo to Santiago de Compostela　20.0公里

　　前往聖城聖地牙哥康波斯特拉剩下最後20公里路，800公里的徒步旅程即將劃下句點，基本上大家是興奮的，但是又覺得怪怪的，說不上來哪裡怪。伊米爾和史蒂娜感覺昨天才從聖讓皮耶德波爾出發，不太相信今天就走完朝聖之路。「能不能不要結束，我們繼續走下去。」他們發出捨不得的訊號。「我們還要走到世界的盡頭，不是嗎？」的確，走到世界的盡頭，這一切都結束了。

　　「瑞貝卡，終於要走完了，妳這次沒放棄逃離，真棒。」

　　「因為有你們陪伴，我忘記中途要落跑，」她呵呵地笑著。

　　還記得第一次遇見她，聊起來才知道她在外流浪了五個月沒回巴西的故鄉，她輕描淡寫地訴說著放棄了工作，放棄了未婚夫，邊打工邊流浪，我只是一旁靜靜地聆聽著，那是她的傷口，不需要追根刨底。

　　「我是個容易放棄的人，無法堅持下去。」

「別放棄，妳看朝聖之路妳做到了，美好的人生正在前方等著妳，千萬別放棄。」

一陣靜默後，我聽到她哽咽的聲音：「我會記得你說的話。」餘光瞥見她眼角泛淚，我也跟著難過起來，想著這一路大家的相處點滴。在醫院，多虧了她當我的翻譯天使；她交了很多朝聖路上的朋友，總是話說個不停；她總是笑點很低，很容易就笑不可抑；她總是要大家教她各國的語言，努力練習著中文繞口令，她不過才26歲，一個聰穎漂亮的女孩，很壓抑自己的生命，也很拮据地過著她的流浪日子。

走出拉瓦哥亞（A Lavacolla）小鎮前遇到一位用鐵絲製作手工藝的西班牙男人，專注地纏繞手上的鐵絲，左轉右拐很快就繞出朝聖者的模樣。我挑選其中一個鐵絲繞成的朝聖者和蝸牛當作紀念，只是不理解為什麼不是象徵朝聖之路的貝殼或箭頭而是蝸牛？「朝聖之路，你要慢慢走，這是為什麼我纏繞蝸牛的原因。」男人沙啞的解釋對我簡直是當頭棒喝。這一路上數次看到蝸牛的意象，都沒當一回事，包括昨天看到的真蝸牛，這不是巧合，只是這麼深的寓

意一直沒參透，此刻才恍然大悟為什麼旅程後段傷了腳，都是因為走太快。生命中的那條路，是否也該放慢腳步好好想一想了？急不來，那就慢慢走，豐實香甜的葡萄會等你的。今日我的蝸牛哲學。

　　來到朝聖路的景點蒙特多格左（Monte do Gozo）山丘，所有朝聖者都會停下腳步在此休息和拍照，指著路的朝聖者抽象雕像站在山丘頂上，歡迎大家即將抵達終點。這裡又稱之為喜悅之丘，是進入聖地牙哥康波斯特拉之前，唯一可以遠眺看見聖雅各大教堂的地方，兩點之間相距6公里。坐在山丘草地上看著遠方的大教堂，這一刻突然變得不太真實：「真的用雙腳走到了嗎？」

　　終於，我們走進了西班牙加利西亞自治區首府聖地牙哥康波斯特拉城的大門，朝聖終點聖雅各大教堂所在的古城1985年被列為世界文化遺產，這裡在10世紀遭到穆斯林嚴重毀壞，11世紀重建，美麗的古城處處都是羅馬式、歌德式和巴洛克式建築，又彷彿穿越來到了中世紀。

　　我們順著指標走到聖雅各大教堂前的廣場，來自不同朝聖之路的朝聖者齊聚在聖殿前擁抱、拍照和流淚。「我們走到了。」伊米爾和史蒂娜激動地吼著，兩人相擁而泣；遠遠地我們看到昨天趕了40多公里路提早一天到聖城的史賓塞走過來，瑞貝卡和史蒂娜激動地抱著他哭，大家抱成一團。我的眼眶早已盈滿了淚，千萬不要再講一個字，任何一個字都會把淚水催落下來，在這美

好不可思議的一刻，我只想靜靜地、好好地看看這座雄偉的大教堂，十個月前，我相信就是祂召喚了我，十個月後，我站在祂的面前聆聽祂的聲音。

　　朝聖之路到了終點，我的旅程還沒結束，還有一段路要走，要到世界的盡頭。這一路我充滿了感恩與感謝，感謝走這趟路家人的支持與諒解；感謝臉書上親朋好友的加油與打氣；感謝朝聖路上所有朋友的陪伴與幫忙；感謝老天爺沒讓我淋過一天雨，雖然雨季已經來臨；感謝我的鞋襪讓我一顆水泡都沒起；感謝小腿痛讓自己放下執念；感謝自己放過和原諒了自己；我更感謝這一路上我遇見的所有故事。

質男大叔語錄

衝動任性也好，深思熟慮也罷，總之我走完了800公里，做了自己想做的一件事，到死都不會忘記的一段回憶。

DAY 34
搖擺香爐。
我等待的奇異恩典

Santiago de Compostela

　　在伊米爾幫大夥預訂的民宿中一夜酣眠，雖然離古城有一段相當的距離，我們都非常感謝他張羅的一切，以及今天一早幫大家做的早餐。「史蒂娜，這個男人千萬抓緊別放手，找不到第二個了。」我拿熱水沖了一杯咖啡，史蒂娜呵呵地笑著：「我會拿繩子拴住他。」

　　在聖地牙哥康波斯特拉多停留一天，一來是日日長征後想放鬆一天，再來想多看看這一座從中世紀以來，因為傳說聖雅各埋葬於此，讓朝聖者絡繹不絕的原野繁星之城，以及一直在整修中的聖雅各大教堂和擺盪的香爐，還有另一件重要的事，就是到朝聖辦公室領取走了800公里的證書。

　　重新回到聖雅各大教堂前的廣場，離中午彌撒還有段時

間，我靠著大教堂對面舊皇宮廊柱席地而坐，再一次注視著搭著鷹架仍在施工的大教堂，如夢一般；一名媽媽側躺在地上幫趴在地上的孩子和爸爸取景拍照，快樂的一家人。

不是天主教徒也不是基督教徒，彌撒對我而言不具任何意義，參加大教堂的彌撒主要為了拍攝擺盪中的香爐而來。也許我沒有信仰不夠虔誠，昨晚和今午參加的兩次教堂彌撒都讓我鎩羽，香爐依舊安靜不動地垂掛在祭壇上方。

朝聖者走了幾百公里到聖雅各大教堂，都想有緣目睹香爐擺盪的這一幕，希望疲累的身心能藉此獲得祝福與撫慰，有宗教信仰的人更視擺盪香爐溢散而出的煙象徵著天主聖神的恩典，但是聖雅各大教堂擺盪香爐的時間究竟藏著什麼貓膩，連續讓我摃龜兩次，還聽了兩小時有聽沒有懂的經文。

好奇害死貓，不甘心的好奇不但不會害死貓，應該還會幫忙朝聖者有了依循，我東問西問加上上網查資料，歸納出幾個執行香爐擺盪的時間點：一、特定節日，這可以到聖雅各大教堂官網查；二、每個星期五晚上的彌撒；三、有人或團體捐獻超過500歐元，這可以

從彌撒中心區的貴賓席紅椅上有無坐一般民眾或一般席坐椅前幾排有無管制來判斷。如果有上述情形之一，就一定會有香爐擺盪儀式。聖雅各大教堂每天中午12點和晚上7點各會有一場彌撒。如果歸納的資訊無誤，從世界的盡頭回到聖地牙哥康波斯特拉那天正好是星期五，決定那天晚上第三度參加大教堂彌撒，如此虔誠想看香爐擺盪，聖雅各還能裝沒看到嗎？

　　彌撒儀式結束，教堂開放參觀，遠遠看到召喚我來的聖雅各金碧輝煌地奉坐在高台上，手持繫著葫蘆的杖，和傳統朝聖者手持的葫蘆杖一樣，至此才瞭解杖和葫蘆在這條路上的意義。我跟著排著長長隊伍的朝聖者爬上高台，我從後方擁抱聖雅各的肩，謝謝祂的召喚和這一路的帶領與賜予，也提醒祂別忘了星期五晚上讓我看到香爐擺盪。

　　到朝聖辦公室領取完成朝聖之路証書，已有心理準備，領過的人都說至少要等兩小時，朝聖辦公室大樓果然人排長龍，不止我走的法國之路，其他路線的朝聖者全都聚集在聖地牙哥康波斯特拉等著這榮耀的一刻。我對排在我後面走葡萄牙之路，來自澳大利亞的夫婦彼得（Peter）和黛安（Dianne）說：「漫長的隊伍等待比朝聖路的長途跋涉還辛苦。」我倚著牆舒緩站得感覺快要斷了的腰。和他們閒聊，黛安說他們4年前就走過法國之路，路上看到德國電影團隊正在拍電影，聽說電影已經上映，但是他們至今無緣看到。「真的嗎？我就是因為那部電影，起心動念辭掉工作走上這條路的。」我驚訝地聽她說起這段往事。「這電影叫什麼？我們完全想不起來。」「《我出去一下（I am Off Then）》的情節和法國之路的景色深深吸引著我。」黛安謝謝我提醒了他們：「回澳大利亞後要找來看看，說不定能看到我們變成路人甲、路人乙在電影中出現。」

　　停下腳步後好像一切都結束了，隊伍中聽到有人嘆息：「停下來的感覺突然變得好奇怪，我還想繼續走下去。」原來不只伊米爾、史蒂娜會這麼說，很多人似乎都走上癮停不下來了。肉體上的聖雅各之路的確已經抵達終點，但是，心靈上的聖雅各之路依舊還會繼續走下去，不是嗎？

✎ 質男大叔語錄

朝聖路上我感謝經歷了人生和人性中最美好的一刻，所有的遭遇都是如此珍貴和難忘。

DAY 35
穆希亞。
神祝福的瀕洋絕美小鎮

Santiago de Compostela to Muxía　75公里

　　朝聖之路走到了終點，我的朝心旅程還沒結束，還有一段路要走，到世界的盡頭菲尼斯特雷。

　　通常朝聖之路走到聖地牙哥康波斯特拉，大多數的朝聖者不是打包回家，就是直接前往世界的盡頭，在哥倫布還沒發現新大陸之前，當時的西班牙人認為這裡就是陸地的盡頭，也因此「世界的盡頭」或是「海角天涯」的形容就這麼傳開，説成習慣也就將錯就錯地沿用下來。

　　我唯一有心的安排，就是生日這天走到世界盡頭，讓自己走完聖雅各之路後在這重生。當初這樣的算計，現在想想有點刻意，刻意就是一種執念，重生變成了一種形式，結果還是把自己陷在泥淖裡。事實上，真正踏上這條路後，每天都在重生，然後在黑夜降臨時死去，隔天又再活過來，根本不用等到5月31日生日這天。安排就安排了，無須再刻意懊悔，存在的本身，自然有它的道理，接受就好。

　　前往菲尼斯特雷之前，想先到瀕臨北大西洋的美麗小鎮穆希亞（Muxía）看看，這是計畫中的行程，只是原本打算用走的，從聖地牙哥康波斯特拉得走3天才能到達，但是計畫趕不上變化，時間已不允許，這段路改搭巴士。

　　從聖城開往穆希亞的巴士一天只有兩個班次，上午一班下午一班，我準備搭第一班車過去，讓自己有充裕的時間逛逛海邊的漁港小鎮。穆希亞迎接我的是帶著鹹腥味的海風，漁船和小艇靜靜地泊在港灣中，循著Google地圖導航找到下榻的旅館，房間大概是這30多天來住得最大的一間，一大兩小的床足足可以睡四個人，一個人睡奢侈了些，透過窗戶可以看到北大西洋，海鷗的叫聲劃破了小鎮的靜謐。

　　穆希亞這個西班牙西北方的小鎮並不大，登上寇比紐（Monte Corpiño）山丘最高點迎接你的是座一個人高已經風蝕斑駁的石頭十字架，像是護身符般觀照保護著山腳下整個小鎮。俯看這個

瀕洋小鎮，橘色屋頂混搭藍、白、鵝黃牆面，色調風情萬千卻不浮誇，在澎湃的海潮聲中散發著恬靜的美。

從山丘望向另一邊的海岸，是著名的聖母船（Nosa Señorada Barca）保護區，保護區有座教堂叫做航船聖母禮拜堂，2013年的聖誕節那天被雷擊中引發大火，教堂內保存了幾個世紀的巴洛克雕像全部付之一炬，如今劫後重建完成，就跟這個小鎮一樣遠離塵囂，簡單素雅卻相當有特色，這應該是瀕臨北大西洋最近的一座教堂。

聖母船保護區流傳著這麼一個傳說，當時聖雅各來到穆希亞傳道，受到信奉太陽神的當地人阻撓，聖母瑪利亞為了幫助聖雅各，乘著石船顯靈現身在海邊，警告當地居民如果繼續羞辱聖雅各，海水將淹沒整個小鎮，居民後來當然接受了聖雅各傳道，改信上帝和耶穌。是否穿鑿附會不得而知，宗教裡有著不同的神蹟故事，信者恆信，無須追根究柢。聖母船保護區的海邊遍佈著奇岩巨石，也有傳言其中兩塊巨石「審判之石」和「生命之石」具有占卜和治療的作用，姑且聽之。不過可以確定的是，電影《朝聖之路（The Way）》最後一幕馬丁辛把兒子骨灰灑向大海，就是在這裡拍攝的。

　　海邊還矗立著像是被閃電劈裂的10多公尺高巨石，有石破天驚之勢，非常顯眼。這是一座漏油事件的紀念碑，2002年11月威望號（Prestige）油輪在距離加利西亞海岸200公里的海上爆炸沉沒，超過六萬噸的原油外洩污染了加利西亞海岸，造成西班牙有史以來最嚴重的海岸生態浩劫，各方面的損失都非常慘重。至於這麼巨大的岩石如何切割和運送到此豎立，著實令人好奇。

　　走到海邊岩石上停下腳步，聽海風吹拂潮水湧動，看海水拍岸浪花激揚，心馳神往的一刻。「滾滾長江東逝水，浪花淘盡英雄。是非成敗轉頭空，青山依舊在，幾度夕陽紅。」

質男大叔語錄

靜下來，才能往更深遠的地方走去，心之所向，無入而不自得。

DAY 36
走向世界盡頭。
看見生命美好

- -

Muxía to Fisterra　34.6公里

　　尾聲，最後35公里。窗外陰沉，一段不可思議的旅程即將結束。

　　穆希亞早上開始下起雨，心想聖雅各還是沒放過對我施以雨水行的試煉，來了就接受，當作朝聖路完結篇的最後洗滌，看看這清涼甚至冰冷的雨水究竟會洗去還是增添我身體和心靈的疲累。

　　走出穆希亞小鎮後看不到貝殼或黃色箭頭的指標，心是忐忑的。途中雨勢變大，登山鞋的鞋面已經濕透，還好襪子是乾的。當初砸錢買了這雙黃金大底防塵防水鞋，走了這趟800公里翻山越嶺路發現真值得，不但把我的腳保護得好好的，沒扭傷也沒起水泡，防水效果超乎想像，我很怕穿著濕襪子走路的感覺，彆扭又不舒服，而且走完剩下的20多公里路不得香港腳才怪。

　　三個多小時的雨中獨行，時近中午，終於看到人煙，一個叫做福里塞（Frixe）的小鎮，一家吧餐廳門口的白玫瑰正盛開，花瓣上都是雨珠。雨衣和風衣內外都已濕透，衣外是雨水，衣內是

汗水，我脱下悶濕的不舒服感，跟櫃台點
了杯咖啡和糕餅，坐下喘口氣，順便晾衣
服和充剩不到一半電的手機。截至目前為
止，雖然絕大時間都在林間小徑中穿梭，
至少沒走錯路，但是沒想到一出吧餐廳手
機收不到訊號就迷路了。

　　無所謂，沒有時間壓力，手機總會
再出現訊號的，多繞點路就是。花了八個
小時，終於走到此行的最終點「世界的盡
頭」菲尼斯特雷。穿越小鎮往所有朝聖者
都會前往的菲尼斯特雷燈塔前行，沿路瀕
臨大西洋的風光綺麗，這真是一座得天獨
厚的美麗小鎮，當看到燈塔旁懸崖上我今
晚下榻的旅館，覺得一晚100歐元花得真
是值得。

　　朝聖者來到菲尼斯特雷燈塔，通常會在附近的岩石上燒掉自己的衣物或鞋子，代表和自己過去說再見後的重生，我沒這麼做，也沒看到有人這麼做，執著於形式又會陷入另一個執念。我坐在懸崖邊的岩石上看著湧動的大西洋海水，看著海面上寧靜的粼粼光影，這一刻我很平靜，我很享受，我很滿足。

　　這漫漫長路上遇見的人與事，看到的花草樹木山川河流日月星辰，那是多大的因緣；但是這種因緣不會停留，隨著時空移動而漸漸消散，過去也就過去了，無須眷著不捨不放，記得就好。生命的流動改變了任何一刻我們眼睛看到的相，這種流變就是佛家所說的無常。無常真正的意義，不是讓你去慨嘆世事的變化，無常是要你懂得放下，因為你什麼都抓不住。所以何須在生命中執著，什麼都要抓著不放，什麼都要據為己有，什麼都非得維持想要的樣貌？

　　生日這天徒步八小時走到象徵重生的世界盡頭，我是快樂的，至於重不重生對自己而言已不重要，那也只是一個心境而已。今天在孤獨無依的路上接到女兒從大阪打來的電話：「爸，生日快樂，路上注意安全，」沒有比這個更好的祝福了。丹麥的

　　兩個年輕孩子伊米爾和史蒂娜送給我寫得落落長的卡片和精心挑選的禮物，滿滿的暖意流淌胸口，我笑得很開心很感動，沒哭沒流淚，因為真情需要用歡笑擁抱。在場不管認識不認識的路友們都祝我生日快樂，聖雅各之路就像一個大家庭，充滿了溫暖。

　　對不管從哪出發的朝聖者而言，菲尼斯特雷燈塔前的0公里路標有著象徵性的重要意義，遇到路上認識的朋友，我們就會自然而然的往它身旁一站，留下合影的最後紀念，對我們來說這是一個共同的回憶，徒步完成了800公里朝聖之旅的回憶，以及友誼。

　　在世界盡頭的這一天有著太多複雜的情緒，藉著這篇最終章，謝謝透過臉書、LINE和其他方式給我打氣祝福的親朋好友，謝謝朝聖路上認識、陪伴和幫助過我的朋友們，我愛你們，給了一個在外流浪的人溫馨的幸福感。

　　　　　　　　／質男大叔語錄

　　　　　　　　　Buen Camino!

後記

　　隔天我又回到聖地牙哥康波斯特拉，準備起身前往朝聖之路結束後的另一個旅程。掛記著聖雅各大教堂星期五晚上的彌撒，這是我親眼目睹搖擺香爐最後的機會，第三次參加這教堂的彌撒，真的是不見不罷休。這一天我去的很早，下午5點鐘，選坐在第一排右側靠中間走道座位拍攝位置最佳，這是等領朝聖證書時彼得告訴我的。隨著時間過去，前來彌撒的信眾愈來愈多，靜靜已經坐在位子上一個半小時，當時唯一祈禱的，千萬別在這時候尿急。看見貴賓席上坐了人，我知道聖雅各不會再考驗我的耐性，應允了我的期待，而彌撒進行的儀式我大致已經背了下來，只要等待接下來50分鐘的儀式結束，瀰漫香氣的香爐就會從我頭上擺盪過去……。

釀旅人47　PE0174

 從心歸零
　　——800公里聖雅各朝聖之路

作　　者	劉玉嘉
責任編輯	石書豪
圖文排版	周怡辰
封面設計	蔡瑋筠

出版策劃	釀出版
製作發行	秀威資訊科技股份有限公司
	114 台北市內湖區瑞光路76巷65號1樓
	電話：+886-2-2796-3638　傳真：+886-2-2796-1377
	服務信箱：service@showwe.com.tw
	http://www.showwe.com.tw
郵政劃撥	19563868　戶名：秀威資訊科技股份有限公司
展售門市	國家書店【松江門市】
	104 台北市中山區松江路209號1樓
	電話：+886-2-2518-0207　傳真：+886-2-2518-0778
網路訂購	秀威網路書店：https://store.showwe.tw
	國家網路書店：https://www.govbooks.com.tw
法律顧問	毛國樑　律師
總 經 銷	聯合發行股份有限公司
	231新北市新店區寶橋路235巷6弄6號4F
	電話：+886-2-2917-8022　傳真：+886-2-2915-6275

出版日期	2020年6月　BOD一版
	2020年7月　二刷
	2020年8月　三刷
定　　價	380元

Printed in Taiwan

國家圖書館出版品預行編目

從心歸零：800公里聖雅各朝聖之路 / 劉玉嘉
著. -- 一版. -- 臺北市：釀出版, 2020.06
    面； 公分. -- (釀旅人；47)
BOD版
ISBN 978-986-445-390-0(平裝)

1.朝聖 2.遊記 3.西班牙

746.19   109004263

讀者回函卡

感謝您購買本書，為提升服務品質，請填妥以下資料，將讀者回函卡直接寄回或傳真本公司，收到您的寶貴意見後，我們會收藏記錄及檢討，謝謝！如您需要了解本公司最新出版書目、購書優惠或企劃活動，歡迎您上網查詢或下載相關資料：http:// www.showwe.com.tw

您購買的書名：＿＿＿＿＿＿＿＿＿＿＿＿＿＿＿＿＿＿＿＿

出生日期：＿＿＿＿＿年＿＿＿＿＿月＿＿＿＿＿日

學歷：□高中 (含) 以下　　□大專　　□研究所 (含) 以上

職業：□製造業　□金融業　□資訊業　□軍警　□傳播業　□自由業
　　　□服務業　□公務員　□教職　　□學生　□家管　　□其它＿＿＿

購書地點：□網路書店　□實體書店　□書展　□郵購　□贈閱　□其他

您從何得知本書的消息？

　　□網路書店　□實體書店　□網路搜尋　□電子報　□書訊　□雜誌

　　□傳播媒體　□親友推薦　□網站推薦　□部落格　□其他＿＿＿＿＿

您對本書的評價：（請填代號　1.非常滿意　2.滿意　3.尚可　4.再改進）

　　封面設計＿＿＿　版面編排＿＿＿　內容＿＿＿　文／譯筆＿＿＿　價格＿＿＿

讀完書後您覺得：

　　□很有收穫　□有收穫　□收穫不多　□沒收穫

對我們的建議：＿＿＿＿＿＿＿＿＿＿＿＿＿＿＿＿＿＿＿＿

＿＿＿＿＿＿＿＿＿＿＿＿＿＿＿＿＿＿＿＿＿＿＿＿＿＿＿＿

＿＿＿＿＿＿＿＿＿＿＿＿＿＿＿＿＿＿＿＿＿＿＿＿＿＿＿＿

＿＿＿＿＿＿＿＿＿＿＿＿＿＿＿＿＿＿＿＿＿＿＿＿＿＿＿＿

11466
台北市內湖區瑞光路 76 巷 65 號 1 樓

秀威資訊科技股份有限公司　　　收

BOD 數位出版事業部

....

（請沿線對折寄回，謝謝！）

姓　　名：＿＿＿＿＿＿＿＿＿＿　年齡：＿＿＿＿　性別：□女　□男

郵遞區號：□□□□□

地　　址：＿＿＿＿＿＿＿＿＿＿＿＿＿＿＿＿＿＿＿＿＿＿＿

聯絡電話：(日) ＿＿＿＿＿＿＿＿＿＿　(夜) ＿＿＿＿＿＿＿＿＿＿

E-mail：＿＿＿＿＿＿＿＿＿＿＿＿＿＿＿＿＿＿＿＿＿＿